投資家心理を読み切る

板読み
デイトレード術

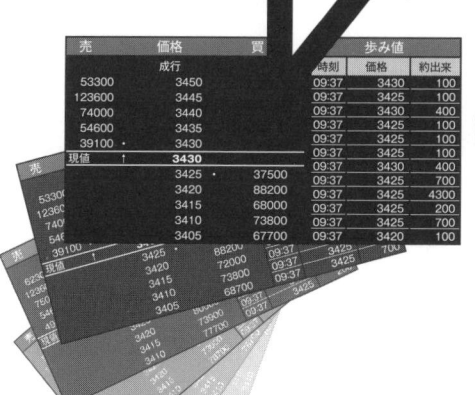

「5%」で
あり続けるための
考え方

けむ。【著】

はじめに　～トレードの世界には答えがある～

◎私がトレードを始めたきっかけ

「トレードで生活しています」と人に言うと、「どうして株を始めようと思ったのですか？」といった質問をよくされます。ほとんどの方が「ただ何となく」とか、「勝てそうな気がしたから」といった感じの受け答えをしているように、私も興味を持ったきっかけ自体はデイトレブーム（ちょうどデイトレが話題になり始めていたころだった）に乗ったというのが正直なところです。ただ、そのときはあくまでも「何となく」で、本格的にこれに打ち込んでみようと思った理由は違います。デイトレをやって私は気づいたのです。「トレードの世界には答えがある」と。

例えば、宝くじを仕事にして生活できるかというと、非常に難しいでしょう。期待値が約５０％しかない（１００万円投資して、平均で５０万円しか返ってこない）うえに、完全に運と勘のみになるので、これで恒久的に勝ち続けるのは不可能です。つまり、宝くじは「答えのない世界」といえます。同様に、競馬なども期待値が７５％（売り上げが１００万円なら、２５万円を国が抜いた後、残りの７５万円を当選者で分配）しかないので、仮に予想や分析が一流でも割に合いません。したがって、「答えがあるのかどうか、非常に怪しい世界」だといえるでしょう。

株に関しても、始める前は情報を持っているものが勝つ世界（いわゆるインサイダー）のイメージが相当強かったので敬遠していたので

すが、当時、あまりにも「中国株投資だ」「国内株式手数料の自由化だ」と株式取引を煽るような記事が多かったので、とりあえず株の仕組みくらいはきちんと理解しておこうと思ったわけです。「この会社はきっと業績が伸びる」と思えるような出来事や情報があったとしても、株の買い方も知らないようではお話にならないと思ったので、「ここだ！」と思えるチャンスが来たときに、すぐに動けるように準備をしておこうという程度の考えだったと思います。

そこで、まずは1冊、用語集的な超入門書を読んでみました。そして、極基本的な用語程度を理解した後で本屋に向かい、たくさんある株の指南書のようなものを片っ端から手に取り、数ページ～数十ページずつ、斜め読みしてみました。しかし、残念なことに、そのほとんどは株をやったことのない私が読んでもすぐわかるほど、書いてあることが理論的でなく、矛盾や突っ込みどころも多く、「たまたま運良く勝った人が書いたんだろうな」と容易に想像できるものでした。

でも、駄目な本ばかりではありません。何冊かは良い本もありました。内容もしっかりと筋道が通っていて理論的で、考え方も勝ち組の人のそれ（これについては後述します。株に限らず多くの分野において、成功してる人の考え方には共通するものが多いです）で、勝つべくして勝っている人たちが明らかに存在する世界だということがわかりました。つまり、「答えが存在する」とわかったのです。答えのない分野で必死に答えを探しても、時間とお金の無駄遣いですからね。

そして、稼ぎの額がほぼ天井知らずなこともまた魅力的でした。パチンコやスロットなどは期待値計算が楽なので、少し勉強すれば誰でも簡単に勝ち組になれますが、時給数千円程度に壁がある以上、月の稼ぎにも限界がありますしね。

きちんと答えが存在して可能性が底知れず、人対人の要素が強く、

「思っていたよりもフェアなのかな？」ということも勉強していくうちに次第にわかってきましたので、「1年くらいの時間と数百万円のお金を費やしてみて、それでもし自分には向いてないなとわかれば、それはそれで収穫だろう。それを確かめるだけの価値がある世界だ」と思い、この世界に本格的に足を踏み入れてみようと決めました。

◎なぜデイトレードなのか？

　私は、板読みをメインとした、自分でミニッツトレードと呼んでいる超短期売買をしています。では、なぜ、スイングトレードや長期投資ではなく、デイトレード、それも超短期売買がメインになったのか（今は持ち駒を増やすべく、少し時間軸が長めのトレードも多くなってきてはいますが）についてお話しします。

　理由は2つあります。ひとつめの理由は、たまたま自分なりに見つけた最初の手法が「板読みから見せ板を利用して数ティック抜く」という、いわゆるスキャルピングだったからです（この手法については１７２ページで詳しく述べます）。人対人でやりあう以上、人にやり方を教わって勝てるようになるものではないと思ったので、とりあえず１００万円負けるまでは授業料だと思って、やりたいようにやってみようと決めていました。そのため余計な先入観を植えつけられないように、セオリーどころか、ごくごく基本的なことも何も知らずに、ほぼ予備知識なしで始めてみました。自分で見つけた手法だったので、これを軸に自分のトレードスタイルを固めていきたいと思ったからという理由が大きいです。

　もうひとつの理由は、私はもともとガチガチの理系人間で、政治や

経済の知識も全然なかったこと、新聞もロクに読まないような人間だった（今でもそうですが）ことなど、要するに長期投資に堪えうる知識を持っていなかったからだといえます。

　普通に考えれば、投資の時間軸が長くなればなるほど、まぎれが少なくなって、本来の会社の価値に見合った株価に落ち着くはずであろうことはわかります。要するに、時間軸が長くなるような投資の場合には、会社の業績や財務に精通しておく必要があるわけです。さらには、為替や景気がらみで全体の動きも大きく影響を受けるので、そういった長期的な展望も理解しておかねばなりません。つい最近まで株にふれたこともないような人間が、政治や経済に精通している人や、何年、何十年も株をやっている人たち相手に、同じ土俵で戦って勝てるわけがないであろうことは、容易に想像がつきました。

　ではどうすればいいのか？　時間軸が長ければ長いほど、知識の差が出るのであれば、逆に時間軸を極端に短くすれば、知識の差なんて、ほとんど影響がなくなるのではないかと考えました。事実、板読みトレードを5年続けてみた結果、一瞬一瞬の動きはほとんど「感情」に支配されているなと確信しています。知識の「知」の字もいらないわけです。これは昔からいろいろな分野でよく人に言っているのですが、「どちらを選べばいいかわからないときは、極端な例を挙げてみると、非常にわかりやすくなる」ことが多いものです。

　先ほど、私はガチガチの理系人間だと言いましたが、心理学には非常に興味がありました。たまに本も読んだりしていたので、そういった点でも、板読みのトレードは自分の適性（興味）と合致していたと思います。

　たまに「デイトレード、スイング、長期投資、どれが一番優秀だ？」という議論を見ますが、それぞれメリット、デメリットがありますし、

それ自体はあまり意味のない議論に思えます。絶対的に何が一番優秀かではなく、「自分の武器を一番生かせるのは何か？」で選ぶべきでしょう。

◎必要なのは「魚」なのか、「魚の釣り方」なのか

　よく聞く例えなのでご存知の方もいるかもしれませんが、少し考えていただこうと思います。
　今、ある島にあなたが漂流したとします。そこにはあなたのほかに先人がひとりだけいて、その人は非常に魚を釣るのがうまく、釣った魚を糧に生活しているとします。その人はあなたに対して「私に何かできることはありますか？」と言いました。あなたは何をお願いしますか？

　こういう極限状態ですから、多くの人は「魚を分けてほしい」「私の代わりに魚を釣ってほしい」といった、目先の欲求を満たすお願いをしてしまうと思います。でも、これでは本当はいけないのです。
　確かに、魚を分けてもらえれば、その日の食欲を満たすことはできます。では、明日はどうするのでしょうか？　あさっては？　10日後はどうするつもりなのでしょうか。毎日毎日、その人に魚を分けてもらえるようにお願いするわけにもいかないですし、もっと根本的なことを言えば、その人が自分の前からいなくなってしまったらどうするのでしょうか？
　もうおわかりですね。本当に必要なのは「魚」ではなく、「魚の釣り方を教えてもらう」ことなのです。

　これを株式市場に置き換えると、やはり多くの方が、「値上がりす

る銘柄を教えてほしい」とか、「確実に儲かるパターンを教えてほしい」といった、手っ取り早い答えを聞きたがり、どうやってその判断をしたのかという過程には興味をあまり示しません。

　これでは、仮にとりあえずの正解を教えてもらい、目先いくらかの利益を得たとしても、次にはつながりませんし、自分で考えることを放棄してしまっているので、変化の激しい相場で生き残っていくことはできません。

　以上を踏まえて、この本では「魚の釣り方」、すなわち「相場で生き残るための方法」と、さらにそこからもう一歩踏み込んで、「どのようにして魚の上手な釣り方を発見したのか」「相場で生き残る方法を身につけるためには、どういった考え方をすればいいのか」をお伝えできればと思います。手法としては、板読みがメインですが、人対人でやりあってる以上、完全な正解などありません。したがって、「このパターンのときはこうやればいいんだ」という見方ではなくて、「こういうときはこうやって考えてるんだ」ということを読み取っていただければ幸いです。

◎これまでの収支

　私がトレードを始めてから、２０１０年２月現在に至るまでの、トレード成績です。すべて手数料のみ考慮した金額です。この他にＩＰＯ当選分や、ＦＸ、ＣＦＤ、ＰＯ投資の利益が約９００万円ありますが、投資の性質が違うので収支には加えていません。

　始めて２週間ほどで、１７２ページで紹介する手法に気がついたこともあり、また序盤は大した実力もついていないのに地合いの助けも

あったことで、株を始めてから５年余りの間、ずっと月間プラスでやってこれましたが、安定性を売りにしているつもりはありません。よくも悪くも、コツコツと細かい取引を繰り返してきた結果と、あまりリスクをとれない臆病さが生んだ結果です。

そして、ついに２０１０年に入って月間マイナスを計上することになりました。まわりからは「連勝が止まってもったいない」と言われましたが、私自身は、月間プラスにこだわっていたつもりもありませんし、アローヘッドに変わったことで手法も大きく変更せざるをえなかったため、目先の収支よりも、早く新しい手法に慣れることを優先した結果の「必要なマイナス」だと思っています。むしろ、ずっとプラスなどという、余計なことをほんの少しでも意識してしまうと嫌なので（このことについても６６ページで解説します）、余計な足枷が取れたと思ってほっとする気持ちもありました。ただ、そんなことを言っていること自体が多少は意識していたともいえるので、まだまだかもしれませんね。

９ページと１０ページに、これまでの私の収支を載せておきます。株取引をスタートしたのは２００４年１２月、３００万円が軍資金です。その月の収支は約７０万円でした（データが飛んでしまって正確な数字が残っていません）。

2008年の月別収支

1月	＋2,333,525	7月	＋　　14,560
2月	＋6,697,760	8月	＋1,826,030
3月	＋6,717,280	9月	＋4,790,510
4月	＋3,156,122	10月	＋3,523,590
5月	＋5,835,930	11月	＋5,390,230
6月	＋　377,350	12月	＋1,801,860

トータル収支：**＋42,464,747**

2009年の月別収支

1月	＋　106,410	7月	＋3,819,440
2月	＋　　90,755	8月	＋6,690,040
3月	＋2,647,775	9月	＋2,979,490
4月	＋5,194,960	10月	＋1,358,820
5月	＋　　29,670	11月	＋1,129,990
6月	＋8,215,990	12月	＋　609,550

トータル収支：**＋32,872,890**

2010年の月別収支

1月	＋4,008,560	7月	＋　175,950
2月	－　831,900	8月	＋　283,320
3月	＋2,014,200	9月	－　607,350
4月	＋6,639,090	10月	＋　326,900
5月	＋　202,730	11月	＋　144,300
6月	＋3,319,900	12月	＋1,654,800

トータル収支：**＋17,330,500**

2011年の月別収支

1月	＋1,067,200	7月	＋　109,600
2月	＋　662,100	8月	＋5,112,910
3月	＋2,988,100	9月	－1,779,560
4月	＋1,088,700	10月	＋3,799,010
5月	－　417,300	11月	＋6,004,610
6月	＋1,692,550	12月	＋5,071,300

トータル収支：**＋25,399,220**

2012年の月別収支

1月	− 1,402,750	7月	− 155,832
2月	+ 4,370,730	8月	+ 2,022,689
3月	+ 4,185,550	9月	+ 617,655
4月	− 1,488,840	10月	+ 2,672,597
5月	− 3,903,154	11月	+ 3,949,506
6月	+ 7,758,281	12月	+ 7,561,865

トータル収支：**+26,188,247**

2013年の月別収支

1月	+ 23,666,862	7月	+ 12,396,116
2月	+ 6,301,853	8月	+ 394,766
3月	+ 15,786,332	9月	+ 1,573,299
4月	+ 20,204,608	10月	− 5,421,141
5月	+ 25,606,591	11月	+ 644,172
6月	+ 10,372,382	12月	+ 5,271,940

トータル収支：**+116,797,778**

2014年の月別収支

1月	+ 7,725,319	7月	+ 5,268,794
2月	+ 3,719,977	8月	− 5,070,014
3月	− 8,440,696	9月	+ 3,426,551
4月	− 1,331,817	10月	− 966,580
5月	+ 1,598,680	11月	+ 6,549,934
6月	+ 3,419,016	12月	+ 3,395,923

トータル収支：**+20,295,087**

2015年の月別収支

1月	+ 3,820,809
2月	+ 9,179,373
3月	− 2,742,233
4月	+ 5,421,403
5月	+ 4,058,616
6月	+ 11,792,884
7月	− 2,874,761

◎本書の構成

　例えば、あなたの身近にものすごく実力のあるトレーダーさんがいて、その人に頼みこんで、その人の手法をひとつ教えてもらって勝てるようになったとします。もしくは、何となく試してみた手法が、たまたま相場にものすごくマッチしていて、いきなり連戦連勝で勝ち続けたとします。どちらも現時点では金の卵のように、いくらでも利益を生み出してくれています。では、これでもうあなたはトレーダーとして安泰と言えるでしょうか？

　厳しい意見を言わせていただくと、少なくとも手法を手に入れた経緯が上記のようなものなら、いくらその手法が優れていても、安泰とはいかないでしょう。

　確かに、優れた手法の恩恵によって、いくらかの利益は手にできるでしょうが、もっと根本的なところをしっかり把握できていないと、いずれ落とし穴にはまると思います。

　ここでいう"根本的なところ"とは「負ける人に共通する思考」を知ることであり、同時に「勝っている人に共通している思考」を自分のものにすることです。

　戦争を例に説明すると、手法とはひとつの兵器のようなものにすぎません。確かに、優れた兵器を手に入れることができれば、素人同然の新兵でも、それを闇雲に乱射しているだけで、目の前の戦いには勝てるでしょう。しかし、作戦も何も考えずに、ひたすら武器の性能だけを頼りに、戦場でずっと生き残ること、ましてや大局を制すること

など不可能です。その優秀な兵器をどう生かすのか、きちんと作戦を立てられる優秀な軍師や将軍がいないと、なまじ兵器の力に頼りきって、その力を過信してしまっているだけに、いずれは取り返しのつかないことになるでしょう。

　このことを踏まえて、本書では、板読みデイトレードについて言及する前に、第1章と第2章で「負ける人の思考法」と「勝つための思考法」について、自身の経験も踏まえ、辛口で解説しています。また、第3章では多くの方がおろそかにしやすい「資金管理を絡めた、どこにゴールを置くのか」という話を展開しています。
　そして、第4章以降は、「板読みデイトレード」のことに言及しています。
　板読みのことだけを知りたい方は、第4章から読んでいただいてもかまいませんが、先にもお話ししたように、少なくとも第1章や第2章がわかっていないうちは成績も伸び悩むと思います。特に、板読みは心理読みですから、負ける人の思考法（心理）、勝てる人の思考法（心理）を知っておくことは必須だと思います。

はじめに ～トレードの世界には答えがある～　2

第1章 なぜ、あなたは負けてしまうのか？

1　根拠のない自信に満ち満ちていませんか？ ——— 18

2　自分が見えていないものを、見ようとしていますか？ —— 22

3　勝ったのは自分の実力、
　　負けたのは○○のせいにしていませんか？ ——— 27

4　絶対と言えるようなことなど、
　　そんなにありふれているものでしょうか？ ——— 30

5　確信を持つのが早すぎませんか？ ——— 35

6　自分はツキがないほうだと思っていませんか？ ——— 38

7　「今日は○○しか勝てなかった」とよくぼやいていませんか？ 41

8　マイルールという言葉を安易に使っていませんか？ ——— 45

9　ないものねだりばかりしていませんか？ ——— 49

10　身近な人が負けたのを見て、ほっとしていませんか？ ——— 52

11　「コツコツやれば勝てる」。
　　やってもいないのにそう思っていませんか？ ——— 55

第2章 どうすれば勝てるようになるのか？

1　自分の考え、取引に一貫性をもたせる ──── 60

2　自己満足的な数字にこだわらない ──── 66

3　相対的な考え方を養う ──── 71

4　大衆心理を理解する ──── 79

5　ノートを取ることで安心しない ──── 82

6　確率と統計を履き違えない ──── 86

7　人の考えを模倣しただけで学習したと勘違いしない ──── 89
　〜模倣と学習について〜

8　負けたけど納得のいくトレードが
　どのくらいあるか考えてみる ──── 93

9　ナンピンが悪手な理由を考えてみる ──── 101

10　１万円の価値は、いつも同じである ──── 106

11　得意パターンを作り出す ──── 109

12　取得単価を気にしない ──── 111

13　変化に対応する力を身につける ──── 116

第3章 あなたのゴールはどこですか？

1 取るべきリスクの大きさは適切か？ ——— 122
　〜破産リスクについて〜
2 取るべきリスクの大きさは適切か？ ——— 126
　〜生活としての基盤と人生プランについて〜
3 取るべきリスクの大きさは適切か？ ——— 128
　〜成長機会について〜
4 将来のトレードスタイルに向けて ——— 132
5 資産管理 ——— 141

第4章 板読みデイトレードの基礎知識

1 板とは ——— 146
2 基本的な板の見方1 ——— 148
　〜配置・変化・売買成立・上書きから印象を探る〜
3 基本的な板の見方2 ——— 156
　〜薄い先頭指値は成立しやすい〜
4 基本的な板の見方3 ——— 160
　〜歩み値の見方について〜
5 基本的な板の見方4 ——— 166
　〜腰が据わっているかどうかを見る〜

第5章 板読みデイトレードの手法紹介

1 見せ板を利用した売買テクニック ——— 172
2 空振りの注文は、消極的な注文 ——— 177
3 空売りと現物の売り ——— 180
4 強くないのは弱いということ ——— 184

	5	株価は板の厚いほうに動く？	187
	6	寄り付き前の成行注文を確認しておく	190
	7	売りの出やすい価格、買いの入りやすい価格を意識しておく	194
	8	小分けに注文か、まとめて注文か	200
	9	自分で相場を冷やさない	204

第6章 小技紹介

1	両建て	212
2	余力の繰り越し	215

第7章 実際のトレード紹介

1	板読みによるスキャルピング〜ミニッツトレード〜	218
2	心理読みメインのトレード	224
3	カット例　その1	232
4	カット例　その2	237

おわりに　　　242

なぜ、あなたは負けてしまうのか？

　私には幸いにトレーダー友達が多く、オフ会などにもよく顔を出しているので、いろいろな方と話す機会に恵まれています。そのなかで気づいたことがあります。手法にかかわらず勝っている方には多くの共通点が見られ、逆に負けている方はやはり皆さん同じような考え方をしていて、私から見れば負けるべくして負けている感じがしたのです。

　たまたまうまくいって今のところ調子が良い人や、一見すごく実力者に見える人でも、基本となる考え方がしっかりしていないと、ずっと勝ち続けるのは不可能なので、遅かれ早かれ退場してしまいます。逆に、今のところ結果につながってない人でも、勝つための考え方がしっかりと構築されていれば、歩みの速度に差こそあれ、確実に力をつけて最終的には開花することがほとんどです。

　この章では、負ける人に共通な、典型的な駄目な考え方を紹介します。まずはそれをしっかりと読んで、自分の考え方と比べてみてください。これまで良い結果が出せずにいる人は、共通点が多くみつかるはずです。まずはひとつひとつ、なぜ駄目なのかをじっくりと考えていきましょう。本を何冊も読んでも、毎日相場にかじりついて、場が引けてからも予習復習を熱心にやっていても、学習するための考え方がしっかり備わっていないと、ほとんど効果がありません。はじめに自分が学習するための土台をきちんと固めていきましょう。

1 根拠のない自信に満ち満ちていませんか？

　これからトレードを始めようという方に多かったりするのですが、なぜか始める前から根拠もなく、勝つのが前提になっている方が多くいらっしゃいます。「会社を辞めてデイトレードで生活する」とか、「とりあえずとっとと１０００万円くらいには増やしておきたい」とか。トレードをものすごく簡単なもののように考えているようです。
　これは、テニスを始めてまだ数カ月くらいの人が、「とりあえずプロになるか」とか、「大会で優勝でもしておくか」とか言っているのと同じことです。

　やるからには目標を高く設定するのはとても大切なことですが、そのことと見通しが甘いというのはまったく別問題です。今後、繰り返し述べることになると思いますが、自分の能力を客観的に見つめること、相対的な考え方をできるようになるということは非常に大事です。
　そして、目標を高く置いたからには、「ああしよう」「こうしよう」という具体的なものが必要です。目指すべきゴールを設定し、そのゴールにたどり着くために何をすべきかを具体的にイメージし、そして実際にアクションを起こしてはじめて「目標に向かって進んでいる」と言えます。実際に自分がすべきことを見出すためにも、モチベーションを維持するためにも、目標を設定することは非常に大切です。

　まったく運動もせず、食事を控えるつもりもないのに、「今年中には１０キロやせる」とか言っている人のように、何の根拠もなく、「そのうちこうなっているだろう」というのはただの「妄想」ですし、いつも禁煙するとか言いながら、今吸おうとしている目の前の１本を我

慢できないといった、最初の１歩すら踏み出せないような意志の弱い人、行動力のない人にとってはただの「願望」にすぎません。しっかりとした「目標」を持つようにしましょう。

　私はずっと家庭教師、塾講師などをやっていた絡みで、就職活動のアドバイザーのようなことも、ボランティアでちょくちょくやっています（主にはエントリーシートや自己ＰＲの添削です）。あるとき、次のような内容の志望動機を得意満面で見せてくる子がいました。確か、とある物作りの会社へ向けた自己ＰＲだったと思います。

「ぜひ御社の飛躍に貢献したいと思っています。入社した暁には、ぜひ開発に携わり、安くて性能が良く、デザイン性が高くて売れるものをどんどん開発していきたいと思っています」

　正確な文言は覚えていないのですが、大体このような感じだったと思います。「安くて高性能、デザイン性も高い」。確かにそういう商品が作れれば、どんどん売れるでしょうし、会社にも貢献できるでしょう。でも、ここで語られていることはすべて抽象的なことばかりで、何ひとつ具体的なことが書かれていませんよね？　「いやいや、そんなものができればいいけど、どうやって？」と言いたくなります。
　「とりあえず会社を作って、年商１億くらいにする」と自慢げに語ってくれる人もいます。試しに「どんな会社を作るの？」と聞くと、具体的な儲け方どころか、「何の会社にするのか」さえ考えていないことが多いのです。
　このように、何をすべきかが何ひとつ決まっていないにもかかわらず、「自分は会社に貢献できる」「俺が会社を作ったら儲かる気がする」という根拠のない自信に満ち溢れている人が実に大勢います。
　これを株に置き換えると、「自分のスタイルも手法もまだ決まって

ないけど、とりあえず１００万円を半年で１０００万円にしようかな」とか、「今、株を始めて半年で、まだトータルの成績はチャラくらいだけど、この間大勝ちしたし、もう勝ち方はわかったから今後は楽勝でしょ〜」といった話になります。

　もちろん、分野においては無鉄砲さがまれに良い結果をもたらすこともあります。株においても、自信だけはあるのでリスクの大きな取引に平気で挑んだ結果、実力以上の成績を残せることもあるでしょう。しかし、たまたま良い結果が続いて資産が増えたからといって、実力がついたといえるのでしょうか？　今後もその調子で勝てるといえるのでしょうか？

　はっきり言います。私はそうは思いません。

　投資（投機）の世界では、資産がいくら増えようが、常に一発退場のリスクが付きまといます。何年も安定して結果を残してきて、何千万円、何億円と危なげなく稼いできた人たちでさえ、気の緩みから自分のキャパ以上のリスクを取ってしまい、たった一度のトレードがきっかけで、すべてを失い退場することも珍しくありません。それも、いかにも危なっかしい、うさんくさいうわさのつきまとう会社や仕手株のようなリスクの高い銘柄などではなく、２２５採用銘柄のように最も安全だと思われる銘柄を相手にしていてさえ、です。
　そういう実力者たちでさえ、過度のリスクは命取りになってしまう世界で、自己を何の根拠もなく過大評価し、自分の実力に見合わない結果を残してきた人が、突然、身の丈にあったリスクに抑え、分相応な取引ができるようになるとは思えません。

　投資（投機）の世界は、極論すれば、実弾のない戦争といえます。勝っている人の裏には必ず負けている人がいます。その逆もまた然りです。

戦争である以上、そこに飛び込むには最低限、「勝つにはどうすべきか」という考え方（戦略）がなければなりません。さらに、「戦略を実行するためどうすべきか」という行動指針を考え、実際にどう戦うかについても事前に、具体的に練っておく必要があります。こういうことが明確になってさえもいないのに、戦いに参加することは自殺行為以外の何物でもないと思います。
　皆さんも、根拠のない甘い見通しで、足をすくわれないようにしましょう。

今回の話のまとめ

何の根拠もなく、自分が特別な存在だなどと思わないこと。

2 自分が見えていないものを、見ようとしていますか？

　株の価格は、さまざまな人がそれぞれの思惑で、チャートやファンダメンタル、板、ニュースといった、いろいろな判断材料を参考にして売買した結果、形成されます。となると、当然、あなたが主に判断材料として使っているモノ以外を頼りに売買している人も、数多くいるわけです。

　ブログなどで大勝した人が「今日は本当にラッキーでした」といった感じで謙遜して書いているのをそのまま額面どおりに受け取って、「本当にラッキーですね。うらやましいです」といったコメントを残す人をよく見ます。果たして、本当にそうなのでしょうか？　この人はラッキーだけで勝てたのでしょうか？
　私はそうは思いません。手法に関わることなので、話したくないから適当にぼかしているという場合がほとんどでしょうし、そうでなくても、その人がはっきりとうまく説明できないだけで、いつもと違う何かを感じ取って起こしたアクションの結果が実を結んでのことだと思います。少なくともその人は「あなたが感じなかった何かを感じて売買した」わけです。その差を、「あの人はツイてるよな」で片付けてしまうと、永遠にその差は埋まらないでしょう。「あの人が感じたものは何なんだ？」と目を凝らして見たり、考えたりする人にのみ、それが見えてくる可能性があると思います。勝つための手法は、ボーっとしているだけで、ある日、突然頭に浮かんでくるものではないのです。

　あなたがチャートを参考に売買するトレーダーだとしましょう。あなたはチャートの分析には絶対の自信があります。さまざまなテクニ

カルを駆使し、絶対の自信を持って入った買いのポイントがあなたの思惑とは外れ、大きく値崩れしてしまいました。「いつもだったら確実に儲かっていたのに、たまたま今日に限って大口の意味不明な売りが出るなんて、今日はなんてツイていないんだ！」。果たして、これで良いのでしょうか？

　確かに、チャートの読み方は完璧だったかもしれません。しかし、もしかしたら板の動きを見ている人にとっては、明らかな嵌め込みの動きだったかもしれませんし、ＩＲをきちんと見ている人にとっては「こんな値段で買うなんて意味がわからない」といえるような価格だったかもしれません。もちろん、逆のパターンも多々あるでしょう。

　ここで大切なのは「ほとんどの事象は必然的に起こっている」ということなのです。大口には大口の、機関投資家には機関投資家の事情があるはずです。それを自分には理解できないことだからといってツキや運で片付けてしまうと、精神衛生上は楽かもしれませんが、決してそれ以上のものは見えてこないと思います。「どうしてこうなった？自分に見落とした何かがあったのか？」と考えることによってはじめて、今まで見えてなかった何かが見えてくるのだと思います。

　実際にあった話をさせていただきます。
　あの有名なライブドアショックの引き金が引かれる前日、つまりホリエモンが逮捕される日の場中取引で、あるライブドア関連株（一応名前は伏せておきます）が、私の目から見てあからさまにおかしな動きをしていました。当時は新興銘柄小型株が一旦ストップ高をつけると、何日も連荘（れんちゃん）することが多い時代でした。新興銘柄のストップ高絡みの動きは注目度も高く、一度ストップ高をつけると一気に出来高も増えていました。その銘柄も、最初、ストップ高をつけるまでは特に何も感じなかったのですが、一旦ストップ高をつけてからの見せ板を使った露骨な売りさばきは「ひどい」の一言でした。

見せ板でガチガチに固めストップ高に張り付け、ある程度の買い注文が溜まったら一気に売りを出してさばく。そして、崩れそうになったところをまた見せ板で固め、底固い雰囲気を匂わせてはまた大量の売りを出す。それをひたすら続けていて「どれだけ露骨なんだ」と、見ていて気分が悪くなるほどでした。最初は私もお祭りに乗っかるつもりで買いから入っていたのですが、さすがにさばいている株数が尋常ではなかったので途中で降りました。結局、引け間際になって梯子も外され、軽く崩れて終了。そして、その日引けてからライブドアの家宅捜索……。

　残念ながら株の世界においてインサイダーは非常に多いのですが、ここまで露骨なのも珍しかったので鮮明に覚えています。ただ、残念だったのが、大口が売りさばこうとしているとは思っても、さすがにここまでの悪材料を内包しているとはまったく思ってもいなかったし、当時は買いばかりで空売りという発想はほとんどなく、空売りで狙うどころか、この銘柄以外の新興株は普通に持ち越してしまっていたので、結局、ライブドアショックではそれなりに被害を受けました。少々残念ですが、さすがにそんなことまで予想していたら、持ち越しなんてできっこないので、該当銘柄以外はしょうがないと思っています。とはいえ、当時は、「空売りをなぜやらなかったのか」とすごく後悔して、仲の良いトレーダーさんにはもったいないことをしたと愚痴っていたのですが、さすがに直撃を食らっている人が多い中、そんなことをブログで書けるはずもなく……。本当に、今だから言える話ではあるんですけどね。

　このように私から見れば、その銘柄が売りさばかれていたことはあからさまにわかったのですが、あまり板を見ない人にとっては、いつものストップ高の攻防とそんなには違って見えなかったかもしれません。チャートしか見ない人にとっては、"この異常さ"に気づくのは

不可能だと思いますしね。それなのに、普段は板を見ない人が「運が悪かった」のひとことで片付けてしまうと、いつまでたっても何も見えてこないと思います。引け間際には、一応、崩れているわけですから、「おかしな売りがあったのかもしれない」と考えることはできるわけです。「もしかしたら自分が見落とした何かがあって、注意していればそれに気づけていたのか？」と考えてはじめて見えてくる可能性があると思います。もちろん、「私は気づいていたんだ」という自慢がしたいわけでもなんでもなく、視点が変われば見えてくるものも違ってくるという例を挙げたかっただけです。

逆に、板しか見ない私にとっては、「なぜ、わざわざこのタイミン

グで?」と理解できない売りや買いが混じって、大きくやられることも多々あります。しかし、それは、おそらく自分が見ていない何かの情報を見ての判断でしょうし、もしかしたらそれは私以外の人がみんな知っているような、ごくごく基本的なことですらあり得ます。それを「自分には見えていないから」と当然のように誰にも見えていないはずだと思うのは、すごく自分にとって都合の良い考えだと思うので、すべては必然だと思うようにしています。

　それゆえ、いくら板読みだけに特化し、仮に完璧と思えるほど読めるようになったとしても、それ以外の判断基準で動いている人もいる以上、板からすべて読めるわけはないということは、十分理解しているつもりです。そのうえで今、自分の手持ちの武器で、少しでも完璧に近づくために、できる限りのことをやるしかないと思っています。

今回の話のまとめ

自分が見えていない、何かがあるはずと思いながら見てはじめて、何か新しい物が見えてくる可能性があります。

3 勝ったのは自分の実力、負けたのは○○のせいにしていませんか？

　勝ったときには「読みどおり！」とか、「よく頑張った！」とか得意満面で自分に酔ったりしているのですが、負けると途端に「今日はクソ相場」とか、「馬鹿が余計な売りをしたから巻き込まれた」とか"自分はきちんとやっていたのに、まわりのせいで負けた"的なことを言ったりしたことはありませんか。
　実は、これも非常に多くの方に見られる特徴なのです。

　こう言ってしまうと自分は被害者面できるし、精神衛生上は非常に楽なので、その気持ちもわからなくはないです。しかし、自分は被害者という考えをしている間は、勝ち組に残るのは非常に厳しいと言わざるを得ません。なぜなら、「自分は悪くない」ということは、少なくとも今日のトレードに関しては、改善すべき点や反省点がないということになるからです。勝っていたとしても反省点などいくらでも挙げられるのに、負けたのに反省がないというのは不思議な話です。一体、どうやって成長しようというのでしょう？　今日の相場で勝てない人が、反省もしないでどのようにして次回、同じような場面が来たときに勝とうというのでしょうか。

　実際に相場を張ると、バーチャルで検証したり、過去の動きを見て分析したりするよりもはるかに多くの情報や経験を得ることができるはずです。そして、私たちがやるべきことは、その経験を何度も反芻し、分析し、そして「考える」ことなのです。それが成長へとつながるのです。
　負けたときに考えることは、「今回は何がいけなくてこういう結果

になったのか？」「どこかに見落としたものはないのか？」「次に同じようなことが起きたときにどうすべきなのか？」といった、自分に足りない点を探すことに集約されるはずです。

　ところが、負けたのに「自分に足りないものはない」となってしまうと、考えるべきことがなくなってしまいますよね。そもそも負けたということは、相場と自分の考えが噛み合っていなかったことでもあるのに、なぜ、駄目なのは相場のほうと決めつけるのでしょうか？　本来であれば、自分の考えが悪かったのだから、「自分を相場に合わせるためにはどうするか」を考えるべきです。にもかかわらず、自分は悪くないと考えてしまうことはいかがなものでしょう。相場が自分に合わせるべきだとでもいうのでしょうか。

　確かに、クソ相場と言われるような、普段なら信頼度の高いパターンがことごとく崩れ、セオリーが通用しなくてやりにくい時期や、出来高が少なく、ボラティリティが小さくてチャンスの少ない相場が続く時期はあります。例えば、ボラティリティについて言えば、一旦ボラティリティが大きくなり始めると、投機マネーがどんどん入ってきて、出来高も増え、さらなるボラティリティを生みますが、逆にボラティリティが小さくなり始めると、投機マネーは引き揚げられ、出来高やボラティリティのさらなる減少といった悪循環を生み始めます。どうしてもこのような時期があるのは、避けられません。

　だからといって、それを愚痴っていたら勝てるようになるのでしょうか？　もし、愚痴って勝てるようになるなら、私はいくらでも愚痴ります。でも、実際には、そんなことはありません。

　クソ相場とダメ出しするのは簡単です。だから、ついつい文句を言ってしまいたくなる気持ちもわからなくはないですが、実際問題として、私たちがやらなければいけないのはそんなことではないのです。クソ相場でも勝てるようになるにはどうすべきなのか。それを考えること

なのです。

　今後、あなたにどれだけ伸びしろがあるかは、どれだけ考えられるかに掛かっているといっても言い過ぎではないのです。なぜなら、「成長」と「考える」ということは切り離せない関係にあるからです。

　負けたときはもちろんのこと、気持ちよく勝てたときにも、喜んで調子に乗っている暇があるくらいなら、まだ記憶が鮮明なうちにそのトレードを反芻し、さらに改善の余地はないか、今日のトレードは１００点と言っていいのか、できるだけ多くのことを「考える」癖をつけるようにしてください。

今回の話のまとめ

負けた言い訳を外に求めていては、いつまで経っても成長できません。

4 絶対と言えるようなことなど、そんなにありふれているものでしょうか？

　「○○が△△のときに買えば、１００％儲かるから楽勝だよ」とか、「ここで買えば絶対損はないよ」という話をしている人を見かけることがたびたびあります。"絶対"という言葉、安売りしても問題ないほど、この世の中に存在するものなのでしょうか。
　トレードに限ったことではないのですが、物事の真理をきちんと理解していない人ほど、すぐに「絶対」とか、「１００％」といった言葉を使いたがる傾向にある気がします。もちろん、仕組み的に絶対に負けないという小技も、ジャンルによっては多少あります。しかし、株式取引においては、需給で値段が決まる以上、ＩＰＯの申し込みや公募、裁定取引といった、かなり勝率の高い取引ですら１００％ということはありえません（裁定取引や公募投資の場合は、両方のポジが無事に建てられれば１００％という場面も存在します）。
　そうでなくても、１００％か否かというのは、数学的には非常に大きな違いなのです。しかも１００％でないということ自体は反例をひとつ挙げればよいだけなので簡単ですが、１００％であると証明するのは決して容易ではないのです。ましてや、理論的にではなく実践上となると、どれだけの試行が必要になるのやら。

　もちろん、９９％だろうが１００％だろうが、大差ないといってしまえばそれまでですし、揚げ足を取ろうとして言っているわけではありません。「単純に"絶対"や"１００％"などという言葉をすぐに使うのは、物事をあまり深く考えず、安易に結論を出してしまう人たちに非常によく見られる」という傾向について話しておきたいのです。
　"絶対"を信じる人たちの多くは、"絶対"という言葉を確率９９％

と言ってもいいような固い場面で使うのではなく、８０％程度のときや、たまたま今まで４勝０敗だからこの手法は１００％勝てるに違いないといった、下手をすれば５０％を超えているかどうかもあやしいような場面において使いがちなのです。そして、あっけなくそれが間違っていたと証明されると、「ありえない」といったひと言で片付けてしまい、勝手に例外として処理してしまうのです（例外がある時点で１００％ではすでになくなっているのですがね）。これが、問題なのです。

　なぜ、このような表現の仕方にこだわるのかというと、学習という視点から考えると、１００％や絶対と言われた時点で、その事象はもう意味がなくなってしまうからです。結論が出てしまっているので考える余地がなくなってしまうのです。ここまで繰り返し述べてきたように、「考える」「学習しようとする」という姿勢が一番大切なので、物事を深く考えず安易に結論を出す癖は、すぐにでも修正する必要があります。考えない癖はトレーダーとして致命傷になる恐れさえあります。

　ここまでの話は、何も絶対という言葉に限りません。例えば、何かが得意だという話をするときに、平均よりも少しうまいという程度ですぐに得意と言ってしまう人と、プロ級とまではいかなくても、相当なレベルになってようやく得意と言う人がいますよね。この違いは、「自分の満足するレベル、目指すレベルをどこに置くかが大きく違う」から生まれると思うのです。学習意欲がまったく違うので、言うまでもなく、後者のほうが学習に向いている性格といえます。

　私は普段、練習のためや、持ち越しのヘッジ用に少し先物をやる程度で、基本的には国内株しかやりません。でも、２００８年のリーマ

ンショック直後は、世界的に動きが不安定でボラティリティも高く、またＣＦＤの広まり始めで大いに盛り上がっていた頃だったので、試しにＣＦＤ口座を開いて、ダウ先物とＦＸを、動きが大きかった１カ月弱だけやっていた時期がありました。といっても、普段、私は少なくとも「勝つためのトレード」は、ほぼ板読みだけでやっているので、チャートやファンダは、いまだに初心者が株を始める前に入門書を軽く１冊読んだのと同程度の知識しかありません。ＣＦＤもＦＸも、板と呼べるようなものはないですし、私のようなお粗末なチャートの知識で、こんな荒れた戦場にはいっても、返り討ちに遭うのは目に見えています。

　ではどうしたか？　試しにビッド（Ｂｉｄ）―アスク（Ａｓｋ）の気配の動きのみをじっと追って、昔のヘラクレス市場のように、上下１本ずつしかない板だと思って売買をしてみました。板の枚数表示も歩み値も何もないですが、チャートで判断するよりは、こちらのほうがまだ自分の適性や経験を生かせると思ったからです。そうしてずっと板読みっぽく売買を続けてみたところ、結果から言うと、５０万円で始めた資金が１週間で１０倍になり、最終的にはそこから少し減らして＋４００万円ほどになりました。やらない日も多かったので、実質１０営業日程度だったと思います。

　これだけ聞けば、十分すぎるほどの成績ですし、「ＦＸやＣＦＤでも板読みの知識は通用するのでは？」と舞い上がってしまいそうなものですが、とりあえずその１カ月で資金は引き揚げ、そこからは数カ月に１回程度、よっぽど気になるときに少し触る程度にしています。なぜかと言うと、正直、期待以上の結果はついてきたけれど、勝つべくして勝ったと胸を張って言えるほどの実感がなく、株の板読みと比べて圧倒的に情報が少ないなかでやっている分、たまたまの域を出ないと思ったからです。大した感触がないのなら、結果が＋４００万円だろうが、＋１０万円だろうが、同じようなものです。自信を持つ根

拠にはなりません。もちろん雲を掴むような「どうしていいのかわからない」というわけではありませんし、実際にそれなりの感触はありましたので、正直な感想としては、もう少し時間をかけて試してみる価値があるとは思いました。ただ、そうするなら片手間でやるべきものではないと思ったのです。まだ株でやり残したことがいくらでもあるというのに、２足のわらじを履く気にはなれませんでした。それに、プライベートも大切にしたかったので、ＣＦＤとＦＸは一旦休止ということにしました。

「５０万円ほどだったら授業料として払ってもいい」と思っていましたが、あっさり資金が増えてしまったので、そのままレバレッジを利かせれば、「億」のレベルも十分意識できるのかもしれません。でも、同じ何十万円、何百万円のリスクをとるなら、今は調子が良くて結果がついてきてはいても、根拠に乏しく、"たまたま"の域を出ていないものに張るよりは、株でステップアップするために、勝負どころで、そのリスクをとるのに使いたいと思ったことも、一時休戦しようと考えた理由のひとつです。

絶対という言葉にせよ、得意という言葉にせよ、そこで学習としては満足してしまっている人が次のステップにいくのはなかなか難しいと思います。現状に満足している人が、より上の段階にいくのは難しいので、すぐに結論を出さず、「まだ何か自分の知らないことがあるはず」という意識を強く持つようにしてください。

　先ほど、投資の世界に１００％などないと言いましたが、仮に９０％と呼べるほどのとんでもなく熱い手法を見つけたときには、それを９１％、９２％に近づける努力を怠らないようにしてください。トレーダーにとって、謙虚さ、慎重さは、とても大事な要素だと私は思います。

今回の話のまとめ

１００％だと結論を出してしまうと、そこから先の成長は望めません。

5　確信を持つのが早すぎませんか？

　先ほどは「完璧」などといった、安易に確信を持ってしまう見通しの甘さについて指摘しましたが、今度は逆に「２〜３度試して成果が出ないからといって『この手法はダメだ』とあっさり見切ってしまうのはどうなのか？」についてお話ししたいと思います。
　先ほどの「すぐに完璧と決めつける」より姿勢は、過信して大ケガするようなことはないので、その点においては少しマシと言えます。ただ、やはりこれに関しても、トレーダーとして上を目指すなら、決して良い性質とは言えません。

　理由はもちろん、「"考える"ことをすぐに放棄しようとする」という点です。とにかく「考える」というプロセスは成長するためには欠かせない要素です。何度も熟考し、試行錯誤し、反省し、また考える。そういったことを何度も何度も繰り返して、ようやく一歩先に進むことができるのです。
　確かに、なかなか成果が出ないものをいつまでもやり続けるのは、あまり楽しいものではないかもしれません。「途方もない時間をかけて繰り返しチャレンジして、もし駄目だったらすごくショックだから、それなら今のうちにやめておけば大した未練もないし、そんなに悔しい思いもしなくてすむし……」という考えに陥りやすくなるのもわかります。あとは、繰り返しチャレンジして芽が出なかったら劣等感を感じることになる──本人は認めたくないでしょうし、そう意識しているという自覚もないでしょうが──ので、「自分にはできなかった」となる前に「自分のほうから見切った」と思うようにし、自分の自尊

心を保ちたい、そんな気持ちも心の奥底にあるのかもしれません。

　上で例として挙げた感情は、心情的には共感できますが、トレードにおいては余計な感情なので意識的に排除したいところですね。なぜなのか、それはもうわかりますよね。

　そもそも、勝てる手法がそんなに簡単に見つかると思っていること自体が甘いですよね。「ちょっと何度か試してみたら、いきなり勝てる手法が見つかった！」。そんな都合の良い話はそうそうないですし、そんなに甘い分野でもないですしね。簡単に見つからないからこそ、勝ち組が５％と言われる世界で、しかもその５％が驚異的に稼ぐのですから、ひとつの手法を身につけるのに、１年かけたって十分お釣りがくるくらいです。もちろん、根拠もなくこだわり続けるのが賢いとは言いませんが、仮に順張りのスキャルピングの勉強をしていたとして、すぐに成果が出ないから今度は逆張り、これも駄目だから今度はスイングと、次々に乗り換えるよりは、どれかひとつに絞って、ひたすらそのひとつを磨き続けたほうがよいでしょう。

　もし、十分な時間をとって試行錯誤して、その結果、自分には順張りのスキャルピングは向いていないなとわかったなら、それはそれで十分な収穫といえます。途中で投げ出してしまうよりは非常にいろいろなものを学べたでしょうし、順張りのスキャルピングをひたすらやり続けたからこそ、その経験が逆張りのスキャルピングを試すときに生かせることもあるでしょう。十分な時間をかけて試し＆考え、その結果、通用しなかったという手法や経験は決してゴミなどではないのです。確かに、金銭的には得たものはゼロかもしれません。そして、そのままでは使えないかもしれませんが、この経験をほかの手法に役立てられる機会がきっとあるはずです。大切なのは「結果が駄目だったということではなく、その結論を出すまでに、どう考え、どう行動したのか、そしてなぜ駄目だったのか、この経験をどう生かすべきか」

です。ろくに本質も知らないまま「駄目だ〜」と放り出しても得るものなどないですし、逆に、そういった癖を修正しておかないと、「考えることをつい放棄してしまう癖」がどんどん身に付いてしまいますよ。

どうせ時間をかけて身に付けるならば、悪い癖（＝考えずに放棄する）よりも、良い癖（＝とことん考える）のほうがよいはずです。

今回の話のまとめ

簡単に何かをマスターできるなどと思わないこと。少しやってうまくいかないからといって、すぐに投げ出さないこと。うまくいかなかった経験も、きっと役に立つ。

6 自分はツキがないほうだと思っていませんか？

　パチプロ時代にもよく思ったのですが、びっくりするくらい多くの人が「自分はツイてない、ヒキが弱い」と感じているようなのです。
　デイトレードで言うと、「自分が買ったときに限って先物が下げる」「自分が持ち越したときに限って悪材料が出る、ＮＹが下げる」といった愚痴をよく聞きます。単純にトレードの例でいくと、２２ページ（１－２）で書いたように「その人には見えてないだけ」という可能性もありますが、それをひとまず無視したとしても、自分がツイてないと思っているということは、言い方を変えると「本当は自分はもっと勝っているはず（＝すごい実力の持ち主だ）」と思っているということですよね？　何てあつかましい！（笑）
　正直、自分はツイてると思っている人は、それはそれでリスク管理が甘くなりがちなので問題なのですが、いずれにせよ、過去にツイていた（ツイていなかった）ことがあったとしても、自分は絶対的にツキがある（ない）と思って売買するのは、自分の売買を客観的に見るのに邪魔なだけなので、そういった考えは極力持たないようにしましょう、と言いたいです。いや、もし仮に自分に絶対的なツキがなくて、今後も不幸が続くのだとしたら、それは投資に限らず、いろいろなことに向いてないということになってしまいますしね。
　ちなみに、私は典型的な理系人間ですし、パチプロをやっていた時期も波うんぬんといったオカルト的な話は嫌いだったので、比較的そういうことは言わないほうではありますが、やはり「ツイてない」とぼやきたくなることはしばしばありました。でも、それって単に自分に見えていないものがあるのを認めず、ツキというものに置き換えて逃げているだけですよね。

例えば、コイントスをしてお金を賭けたとします。表が出ればあなたは相手から１万円貰え、裏が出れば８０００円払うとします。当然、表が出る可能性は１／２ですから、コイントスを２回やれば、表と裏が１回ずつ出る計算になります。つまり、プラス１万円とマイナス８０００円で差し引きプラス２０００円、すなわちコイントス１回あたりの期待値はプラス１０００円になりますから、普通だったら喜んでやりますよね？　ところが、もしあなたが本当にツイていないと感じていて、「確率１／２のものが１／３でしか引けない」と言い張るのでしたら、３回やってプラス１万円が１回、マイナス８０００円が２回、差し引きマイナス６０００円、つまり１回あたりの期待値は、マイナス２０００円になるわけですから、こんなに条件の良い勝負でもやるべきではない、ということになりますよね？
　このように、「ツイている」とか、「ツイていない」という考えは、ときに冷静な判断を妨げる要因にもなるのです。

　もうひとつ大切なこととして、株に限らずうまくいかなかったときに原因をツイていなかったせいにしてしまうと、「自分には本当は問題がなかったのに」ということを言っているようなものですから、考え方として非常に良くないのです。失敗の原因を自分の外に見つけようとしているわけですから、こういう思考法は学習に向かないのです。「自分には運がなかった」。こういうことをすぐに言ってしまう人は、ほかの人と比べて同じ過ちを繰り返す傾向が強いです。
　「自分には男運（女運）がない」とかいう人がよくいます。こういう人も勘違いしていることが多いです。もしかしたら、あなた自身に問題──例えば「異性を見る目がない」とか、「自分が相手を駄目にしてしまっている可能性」など──があるかもしれないのに、うまくいかない原因を自分以外のところに求めているわけですからね。「自分は悪くない」と思っているわけですから自分の過ちにはいつまで

たっても気づかず、ひたすら何度も同じことを繰り返し、そのたびに「自分には男運（女運）がない」とぼやくわけです。

「自分はツイてない」。一見すると、ネガティブで自分に自信がなさそうなセリフに聞こえますが、実はまったく逆で、自分が意識していないだけで、本当は自分に対するおごりの表れなのです。自分に自信を持つというのは、ときに非常にプラスになりますが、自分への過大評価は学習する機会を失わせるので注意してください。

今回の話のまとめ

ツイていないとボヤく（思う）ことは自分へのおごりだと認識すること。

7 「今日は○○しか勝てなかった」と よくぼやいていませんか？

　月の収支が平均でプラス５０万円くらいの人のブログに「今日はたった１０万円しか勝てなかった」といったような内容が書かれていることをよく見かけます。自分のスタイル的に、今日は月に１日あるかどうかの大チャンスの日とかいうのならもちろんそれはわかるのですが、週に２回も３回もとなるとちょっと……という感じです。１日１０万円として、月２０営業日あるとするならば、月に２００万円。それでも１日の稼ぎとしては不満ということですから、自分の実力をどれだけ過大評価しているんだ、ということになります。

　もちろん、向上心を持つということはすごく大切です。ここは誤解しないでいただきたいと思います。本来、もっと稼げる実績や実力があるのに、いつもより少ない収支で「今日も満足」と言っているようでは、伸びしろが少ないですしね。現状に満足してしまうと、なかなかそこより上には行けないと思います。上で書いたように「自分にとって大きなチャンスだったのに、これだけしか取れなかった。すごく悔しい！　今度同じようなチャンスが来たときには絶対に生かすぞ！　そして、そのためにはどうすればいいんだ？」というようにつながるのであれば、非常に良いと思います。

　ここで言いたいのは「愚痴る前に、自分の実力を冷静に見つめてみましょう」ということです。そのうえで「自分の実力ならばもっと勝てていたはずだ」と思えば、次に同じチャンスが来たときにどう立ち回ればよいのかを考えればいいだけですし、「たまたま勝てただけだ」と思うのであれば、次に同じチャンスが来たときにも同じように勝てるように今回の経験を頭に叩き込んでおけばいいのです。

根拠があって自分の実力を把握しているのであれば何の問題もありませんが、何の根拠もなく自分を過大評価していたのでは、成長の大きな妨げとなるばかりか、本来、身の丈にあった結果のはずなのに「もっと勝っているはずだ」という焦りからリスク管理も甘くなりやすくなりますし、精神衛生上もあまりよろしくありません。

　あと意外と多いのが、本気で勘違いをして、結果、自分を過大評価してしまっている方です。
　例えば、週のうち４日は１０万円プラス、けど１日は５万円マイナスの人がいたとします。勝率も８割だからほとんど勝っているわけだし、勝つときは１０万円、負けても勝ったときの額よりずっと少ない５万円。非常に優秀ですよね。あなたがこの人だったとして、１日平均の勝ち額を直感的に弾き出すとしたらどのくらいですか。平たく言えば、１日いくら勝てば「今日はこんなものかな」と思えますか？

　多くの人が、１０万円勝ってようやくノルマ達成といった気分になると思います。だって、ほとんどの日は１０万円プラスなのですから。それを満たさないと、その日は調子が悪かったような、損した気分になりますよね。でも、これはもちろん自分を過大評価しています。実際は５日に１日は負けているのですから。

　じゃあ８万円くらい？　確かに負けている日もあるし、感覚的にはそれくらいな気がするな。いえいえ、まだ過大評価です。実際に計算してみればすぐに出ますが、この人の１日の平均勝ち額は、（１０＋１０＋１０＋１０－５）÷５で「７万円」です。意外と少ないなと思った方が多いのではないでしょうか？　週のうち４日は１０万円も勝っているのに！　負けた１日だって大した負け額でもないのに。
　株に限ったことではないですが、自分の実力を客観的に正しく評価

することが、効率の良い学習やトレーニングにつながります。自分が十分にできると思っていることは、（本当はできないとしても）あまり勉強しないでしょうし、逆に、もうしっかりと理解していることを不安がって何度も勉強しなおすのも効率が悪いですしね。

　株に関して言えば、自分の実力を過大評価することは、後にお話しするリスク管理を非常に甘くさせてしまう恐れがあるので、自分の実力はきちんと客観的に把握できるようにしておきたいところです。理解度や冷静さなど、数値化できないものはなかなか難しいかもしれませんが、最低限、自分の収支くらいはすぐに調べられますからね。

私の場合は、株を始めてからずっと手法別の収支、利益率をデータとして取り続け、自分の利益に対するウエイトはどれくらいなのか、それぞれの手法がどれだけ相場とマッチしているのかを客観的な数値として定期的に見直しています。そして、必ずINとOUTの根拠を明確にし、何となくそうしたといった取引を極力排除することで、取引ごとにどのようにして勝ったのか、どうやって負けたのかをきちんと理解し、主観的にも自分のやっていることがしっかり通用しているのかどうかを把握するように努めています。

今回の話のまとめ

自分の実力や実績は、客観的に把握しておくこと。自己の過大評価は厳禁。

8 マイルールという言葉を安易に使っていませんか？

「マイルール」。この言葉を他の方のブログで非常によく見かけますが、正直、私はこの言葉が好きではありません。

相場にはとても多くの人や機関が参加しており、参加している人の数だけ判断基準があります。そしてまた、非常に多くの判断材料があるので、「マイルール」と称して独自の売買ルールを設定し、それに従って売買を行っているわけですが、それは本当に正しいことなのでしょうか？

もちろん、明確な基準を作ること自体は決して悪いことではありませんし、試行錯誤のうえ、自分なりに設けたルールを否定する気もありません。

ただ、あまりに便利な言葉ゆえ、安易にどんどん設定して、知らず知らずのうちに自分の可能性や成長機会を狭めていってしまっている人を多く見かけるのです。

マイルールがやたら多い人、毎日のようにマイルールを復唱している人、やたらとマイルールという言葉を使いたがる人は、ほとんどがメンタル的に弱かったり、自己管理ができていない人のように思います。感情の部分に左右されて思うようにトレードできない（＝負けてしまう）からこそ決まりごとを作りたくなって、結果、マイルールに固執するのではないかと思います。

マイルールがやたら多い人は、それが本当に必要なルールなのかを、もう一度、考えてみてください。私自身そうしていますが、できればマイルールはひとつもないのがベストだと思います。

◎「ルールだから」という理由で、考えることを放棄してしまっている

　これは例えば「買値から１％下がったらロスカット」などといった、売買に直接関わるルールを設定している人に言えることです。ルールを決めるまではあれこれ試行錯誤してルールを設定したのでしょうが、一度ルールを設定してしまうと、後は「ルールだから」という理由で機械的にカットするだけになってしまいます。

　実際の売買を行う瞬間というのは、バーチャルや過去のデータからの復習などでは得ることのできない、非常に多くの情報や経験を得ることのできる、とても貴重な機会です。そのときの状況や自分の考え、感情などを漏らさず覚えておきたいくらいなのに、それを機械的に行うというのは、自ら考える機会を放棄してしまうことになって、非常にもったいないと思います。

◎ルールを設定することで、選択肢を狭め、成長するチャンスを自ら少なくしてしまっている

　これは単純に「新興市場は動きが早く苦手だからやらない」といった、苦手なものをやらないというルールを設定している人に言えることです。

　苦手なもの、わからないものには手を出さない。確かに得意分野だけやったほうが収益率も上がりますから、これは、一見すると理にかなっているように見えます。しかし、本当に得意なことだけをやっていればいいのでしょうか？

　常に相場は変化していますから、単純に相場の傾向から駄目になる場合もありますし、証券取引所のシステム変更や手数料、売買ルールの変更などから、今まで使っていた手法が使えなくなることも十分考えられますので、ひとつの手法に頼り切るのは危険といえます。ベースとなる手法があるのはよいことですが、自分の可能性は狭めるべきではないと思います。持ち駒は多いに越したことはないですしね。

もちろん、手当たり次第手を出しまくって、貴重な資金をいたずらに減らすのも得策ではないので、あくまで「やろうとしない」のではなくて、機会を見て少しずつ、今後のために経験を積もうとすることは非常に重要ですよという意味です。

　例えば、あなたがプロゴルファーを目指していたとします。あなたはドライバーがものすごく苦手で、「(こっちのほうが) スコアが良いから」という理由でティーショットをアイアンでいつも打っているとします。果たして、この行動は正しいといえますか？

　もちろん、答えは「NO」です。苦手なドライバーを使わないことでOBも減り、目先のスコアは確かによくなるかもしれませんが、これで最終的にトッププロになれるでしょうか？

　自分の目標をどこに置いているのかにもよりますが、「苦手だからやらない」ばかりでは、自分の可能性をどんどん狭めるだけといえます。単にそのジャンルにおいて遅咲きなだけで、将来的にはドライバーが武器になる可能性だって大いにありますからね。最初はうまくできなくて当たり前ですから、簡単に自分の可能性を切り捨てないようにしましょう。

◎せっかく設けたマイルールが守られていない

　マイルール、マイルールと叫んでいる人ほど、実際にマイルールを守れずに「またルールを破ってしまった」とこぼしているのをよく見かけます。ルールを設定したからには絶対に守らないと、そもそも設定した意味がないですし、トレードではメンタルの強さが非常に重要になりますから、ここでルールを破ってしまうと自分の意志の弱さを確認するばかりで自信もなくなっていってしまいます。毎日のように「絶対に今日から禁煙するぞ」と言いながらついつい１日に２〜３本吸ってしまう人と、できる限りタバコを減らしていこうと決め、１日に２〜３本に抑えている人とでは、どちらが早く完全にタバコをやめられると思いますか？
　私は守れないルールなら、最初からないほうがいいと思います。

　繰り返します。私はマイルールを設定していませんが、だからといってマイルールそのものを否定する気はありません。ただ、上述してきたように、安易に片っ端から設定してしまうと、学習機会や自分の可能性を失ったり、メンタル的に楽なほうに流れる癖が付いてしまったりして非常に良くないので、その危険性を話してみました。
　「マイルールの設定自体はよいと思う。だけど、マイルールの安売りは良くない」というニュアンスです。マイルールを設定するときは慎重に、そして一度設定したマイルールでも、本当にそれでいいのか、定期的に見直してみてください。

今回の話のまとめ

マイルールを設定することで、思考を停止しないこと。楽なほうに逃げるためにルールを設定しないこと。

9　ないものねだりばかりしていませんか？

　資産が大きい人、小さい人。ほかに収入源があり、リスクをとれる人、とれない人。専業で、場中フルタイムで参加できる人、兼業で時間の制約がある人。
　その人その人によって投資環境が異なるので、そういう意味ではすべてのトレーダーが公平な立場にあるわけではありません。
　「すべてのトレーダーが同じ立場にいない」ということは、冷静に考えればすぐわかることだと思うのですが、それに対して"黒い感情"を抱く人をよく見かけます。「自分も場をフルタイムで見られれば勝てるのに」とか、「自分だってこれくらいの資産があれば、一気に仕掛けてチャートを作れるのに」といった、ないものねだりの愚痴や不満をよく耳にするのです。特に資産が少ない人は、資産が多いほど有利だと思っているようです。むしろ利益率で言うなら、資産の少ないほうが断然有利なのですが……。

　なぜ彼らは、不平を言ってもどうにもならないことに、しかもそれらはすべて個々の選択や今までの成果によるものですから、そもそも不平を言うこと自体がおかしいことに気づかないのでしょう。それ以前に、なぜ、今ある環境でどうにかしようとしないのでしょうか？
　「サラリーマンだから、場中をずっと見られるわけない」としたら、それはどうしようもない事実なのですから、「見られたらどうかするのになぁ」という話をするより、「見られない中で勝つにはどうすべきか」を考えたほうが、よほど生産的です。
　確かに選択肢が少ない分、不利なのは確かですが、逆に考えれば、ある程度やり方が最初から絞られている分、迷いが少なくて済みます。

場中を見られないのなら、基本的には寄り引け注文で売買するか、逆指値を利用する。もしくはシステムを組んでトレードをするくらいですからね。確かに、専業になって時間や環境的な制約もなく、自由に取引できる環境というのは、兼業の方から見ればうらやましいかもしれません。しかし、専業である以上は、必ず結果を残さなければなりませんし、逃げ道もなければ、言い訳もできません。リスク管理も徹底しなければいけませんし、プレッシャーも相当なものになります。考えようによっては、そちらのほうがよっぽど不自由かもしれませんよ。

　ちなみに、「場が見られるかどうか」については、見ることのできたほうが有利なのは間違いないです。しかし、資産の大小のように、明らかに不利だとは言えないものもあります。
　こういった、どちらが間違いなく有利とは言い切れないものに関して不満を述べる人のほとんどが、見てもいないもう一方のことを、勝手に有利だと決めつけます。以前は大きな資産でトレードしていたけど、負けたり、減資したりして、今は少額でトレードしている人が言うなら、まだ話はわかるのですが、大きな資金を一度も自分で動かしたこともない人が「そっちが有利だ」と、どうしてわかるのでしょうか？　そもそも、与えられた環境でどうにかしようともせず、隣の芝生ばかり見ているような人が大きな資産を動かすようになったとしても、また別の不満が出るだけで勝てるようになるとも思えません。

　２７ページ（１－３）でも似たようなことを書いたように、勝てない原因を外に求めて責任転嫁するのは非常に楽です。「あぁ、なんて自分は恵まれていないんだ」と、不幸気取りで自分の欠点には目を向けないで済むのですからね。でも、最初に勝てない言い訳を用意しておいてからトレードをするくらいなら、そもそもやる前から考え方が

負けているので、トレードなんてやらないでほかのことに目を向けたほうがよいと思います。「私ね、ダイエットしてるんだけど、親も太っててさぁ、遺伝だからなかなか痩せないんだよね」。こんなことを言っている人が、本気でダイエットに取り組んでいると思いますか？ もちろん、まれにはそういう原因もあるでしょうけど、こういうことを言っている人が、きちんと病院で検査を受けたりしているとも思えません。本気で何かを成そうとしている人は、「○○だから無理」なんて言葉、決して使いませんよ。

　無理と考える前に、「じゃあ、どうする？」を考えるようにしましょう。どうせ頭を使うなら、発展的なことを考えることに使ったほうがよいと思いますよ。

君は力が強いんだから、そっちを伸ばすことを考えたら

お前は足が速いからいいよな〜

ドタドタ

今回の話のまとめ

ないものねだりをするより、自分に与えられた環境を、最大限生かすことを考えること。

10 身近な人が負けたのを見て、ほっとしていませんか？

　私は２００７年の秋ごろまで毎日ブログを更新していました。当然ながら毎日更新するブログですので、ある程度の増減はあるものの、基本的にはアクセス数は毎日似たり寄ったりでした。
　ところが、ある特定の条件の日だけ、いつもの１.５～２倍ものアクセス数に跳ね上がります。雑誌やほかのブログで紹介された日？　月締めの日？　いいえ、それは決まって暴落のあった日です。私のブログに限らず、暴落があった日や注目を浴びている銘柄が大崩れした日などは、どのブログもアクセス数が大幅に増えるようです。
　これは、なぜでしょう？　人の大負けを見ると、ネタとしておもしろいから？　もちろん、それもあるでしょう。特に私のブログではいつもネタっぽく書いていたので、負けたほうが読み物としてはおもしろいでしょうし、資産の変動が派手な人のブログは、単純にどちらに大きく動いても読んでいておもしろいですしね。ただ一番の理由は、「ほかの人も負けているのを見て安心したいから」のようです。

　特に、自分と資産や実力が近い人、スタイルの近い人が負けると、ことさら安心する人が多いようですね。１日の収支だけでなく、月間だったり、年間だったり、自分が負けたり、調子が悪かった期間には「ほかの人もそうであってくれ」と思っている人が非常に多い、ということです。実際に「○○も負けるくらいだから、しょうがないよね」「○○さんも負けていて安心しました」。そんなセリフをよく聞きます。
　確かに、「自分だけじゃなかった」とわかってほっとする気持ちも理解できます。自分だけが調子が悪くて、まわりの人が調子良かったら焦りますし、劣等感も感じますしね。

けれど、本当にまわりも負けていたほうがよかったと思いますか？本当に必要なのは慰めですか？
　厳しいことを言わせていただきます。そんなことを言っているようでは、考え方があまりに残念で、危機感がなさすぎると言わざるを得ません。自分と同じようなことをやっている人が自分と同じように負けている場合、そこにはヒントがありません。でも、自分と同じようなことをやっている人が自分とは違い勝っていた場合、そこにはヒントがあります。
　どういうことか、もう少し詳しくお話ししましょう。自分が勝てなかったにもかかわらず、自分と似たようなことをやっている人が勝てたということは、その人に見えていて、自分に見えてなかったものがあったはずで、少なくとも「答えはあったんだ」といえるはずです。そして「そこはどこだったんだろう」と考える良い機会となるはずです。ところが、自分と似たようなやり方の人が、誰一人勝てていなかったら、自分のやり方では今日はどうやっても太刀打ちできない相場だった、つまり答えがなかった、もしくは非常に答えが難しかったといえるわけです。1日だけのことならいいですが、1年といった長い期間で、みんな年間収支がマイナスだったとしたら、それはもはや進退に関わることで、まわりを見て安心している場合などではないのですよ。それなら、まわりが絶好調で、自分一人が不調で劣等感を味わっているくらいのほうがよっぽど良い状況です。むしろ、まわりで勝っている人が多ければ多いほど、答えが比較的容易に導き出せるといえるわけですからね。

　勝てない人に共通していえるのは、慰めや自己顕示欲、虚栄など、一時的な自己満足のために行動した結果、それで満足してしまうがゆえに、「本来、何をすべきなのかを見失いがちになること」なのです（第2章でもふれます）。ある一時の安心や満足を得るために、何を失っ

ているのか、何をせねばならないのか。このことを強く意識するようにしてください。知識や小手先のテクニックも確かに重要ですが、ある程度のレベルを超えるころになると、メンタルの強さや勝つための考え方など、精神的なもののほうがかなり重要になってきます。しかも、残念なことにこれらは簡単には身に付きにくいものなのです。だからこそ、普段から意識しておく必要があります。

　楽なほうに流されずに、不必要な感情は極力切り捨て、本当に必要なものを見逃すことがないよう、常日頃、心がけるようにしてください。

> 今月は、みんなも負けているから安心したよ

> でも、これから大丈夫かな。誰も手も足も出なかったってことはすごく深刻だよ。

今回の話のまとめ

身近な人、スタイルが近い人は、自分を映す鏡だと思うこと。自分の調子がよくても、身近な人が調子が悪いときには危機感をもつべき。

11 「コツコツやれば勝てる」。やってもいないのにそう思っていませんか？

「今月は調子悪いから、コツコツやるかなあ」
「俺もコツコツやれば勝てるのはわかっているんだけど、いまいちやる気が起きないんだよね」
「いざとなったら固い取引だけやるよ」
「この取引で負けたら、コツコツやって取り返すからいいよ」

　こういうセリフをよく聞きます。こういうことを口癖のように言っている人たちに、ぜひ言いたいことがあります。それは、

「じゃあ、とっととやろうよ」

　これは、株のコツコツ取引に限った話ではありません。例えば勉強でもスポーツでも、「やる気になれば」「本気を出せば」といった言い訳をよく耳にします。「コツコツやれば勝てる」「やる気になればできる」「本気を出せばわけない」はすべて、「コツコツやることができない」「やる気を出せない」「全力で挑むことができない」のとほぼ同じ意味なのです。
　努力も才能のうちと言いますが、正にそのとおりで、きちんと地味なことをできるというのも立派な才能です。それをできない人が、自分はまだ力を出し切っていないからと、言い訳がましいことを言って自分の自尊心を保っているのは、非常にみっともない話です。もっと危険なことは、そうすることもできない（＝実力もない）のに、そう思い込んで（＝実力があると思っていて）、自分を過大評価してしまっていることです。自分のことを客観的に見られないことは、学習とい

う観点から見たら非常にマイナスです。かなりのヘビースモーカーで、3日連続で禁煙したこともない人が「本気で禁煙したことがないだけで、やめようと思えばいつでもやめられる」というようなことを言っていたとして、あなたはどう思いますか？「この人はいつでもタバコをやめられる」と言っているから、そうなんだろうと思いますか？

この手の話で最も恐ろしいことは、言った本人が見栄を張っているのは、他人に対してだけでなく、「自分自身に対しても」ということなのです。おそらく、この人たちは本気でできると思っているのでしょ

コツコツやれば、月50万円ぐらい勝てるよ

でも、コツコツやっているところを見たことないけど……

う。やってもいないのに、です。コツコツ取引をするというのは非常に地味でおもしろみがないため、普段、派手めの勝負をやっている人たちから見たら、少し下に見られがちな傾向にあります。そして、コツコツ取引をほとんどやったこともないのに、なぜか「自分にも簡単にできる」と思い込んでいるのです。もともとそういうスタイルで稼いでいて、最近少しスタイルを変えたという話ならまだわかるのですが、株のトータル収支マイナスの人が「コツコツやれば……」と話すのは、ちょっと滑稽ですよね。「だったらコツコツやって、まずプラスにしようよ」と言いたくなります。

　どんな言い訳をしようが、今目の前にある結果が自分の実力なのです。まずはそれを素直に受け入れ、そのうえでどうすべきかを考えてください。１００の虚栄を張る暇があったら、１でもいいから、自分の本当の実力をつける努力を惜しまないでください。そして、そのためには、自分に何が欠けているのか、客観的に見つめることが必要不可欠なのです。

今回の話のまとめ

「○○すればできる」という言い訳は、「○○することができない」という意味と同じである。

第2章

どうすれば勝てるようになるのか？

第1章では、多くの人が陥りやすい失敗例、良くない考え方について説明しましたが、この章では勝てるようになるため、成長するためには普段どのように考えながら取引をするべきなのかについて、具体的に説明していきたいと思います。「こうすればいいんだ」というだけでなく、「なぜ、そうしなければいけないのか」を考えながら読んでください。

1 自分の考え、取引に一貫性をもたせる

　自分が成長し続けるために、そして自分の取引スタイルをしっかりと確立していくために、非常に大切なのが「自分の行動、考えに一貫性をもたせる」ことです。これは私が最も重きを置いていることのひとつで、何かひとつアドバイスを求められたときに、いつも必ずこのことを話しています。

　もう少しわかりやすく言うと、「INとOUTの根拠を統一する」とも言い換えられます。よく「最も大切なのは損切り」という言葉を聞きますが、それゆえか「損切りのポイントはどうしていますか？」という質問を非常によく受けます。それに対する私の答えはいつも決まっていて、「INの根拠が崩れたとき」とだけ答えています。簡潔ながら、スタイルに関係なく、必要十分な回答だと思っています。

　デイトレであれ、スイングであれ、板読みであれ、チャートであれ、INしたときには自分なりの根拠があって入ったはずですから、逆にその根拠が崩れてしまったら、持っている意味がないですよね？　それでもまだ持っているようでは、入ったときはしっかりとした根拠に基づいていたつもりでも、それは「ただ何となく入った」ことと何ら変わりありません。それでは成長も何もあったものではないですよね。

　ところが、残念なことに"このこと"ができていない人がかなり多いようなのです。例えば、入るときはチャートを元に、「ここが２５日平均線にかかっているから、ここで一度反発するだろう」と逆張りで入ったところ、あっさりその平均線を割ってさらに下落してしまっ

たとします。当然割らないと思って入ったポイントを割ってしまったのだから、本来すぐにカットすべきなのですが、「じゃあ７５日線まで持ってみよう」とか、「一目均衡表の雲が抜けるまで持っていよう」という具合に理由をつけ、持ちっぱなしにしたり、ナンピンしたりします。なぜですか？　割らないと思っていたところを割ったということは、すでに１歩目から予想が外れているわけです。それにもかかわらず、２歩目で方向が修正されるとでもいうのでしょうか？　いきなり予想が外れて、動きの読めていない銘柄をそのままやり続けるくらいなら、一旦その銘柄はカットして、新たな銘柄を探したほうが「動きが読めていない銘柄」を取引し続けるよりも勝率が高くなると思います。どうしても７５日線でまた買いたいのであれば、最初の玉は一度カットして、その後で改めて７５日線で買い直せばいいのです。

　上の例の場合、すべての判断材料がチャートな分だけましですが、もっとひどいものになると「でもここ決算が良かったし……」とか、「ここ取り組みが良いし……」のように、ＩＮの根拠がチャートなのにもかかわらず、ＯＵＴの根拠がチャートですらない人もいます。もう何がしたいのかわかりませんよね？　自分のトレードをいい加減なものにしないためにも、「自分が今、何をしているのか」「なぜ買ったのか？」「どうなったら売るのか？」を常にしっかりと意識するようにしてください。

　一貫性をもたせることがどうしてそれほどまでに大切なのかというと、まずは自分が何をやっているのかを把握できていないと、結果を見ても何が正しくて勝ったのか、何が駄目で負けたのかすらわからないからです。２５日線で入って、２５日線で降りたのなら、それを繰り返していけば、２５日線を抵抗線としたトレードの信頼度がある程度わかりますし、いつも明確な基準を持ってトレードしていれば、次

はここをこうしてみようといった微調整もしやすいですが、２５日線で入ってＲＳＩで降りる、２５日線で入ってファンダで降りるようなことを繰り返していて、一体何がわかるのでしょうか？　次に生かせるトレードとなるのでしょうか？

　実際に場を見て売買したときに得られる経験は、ただ眺めているだけのバーチャルトレードや、過去のチャートを見て研究しただけのときよりも、本来、何倍も得るものが多いはずです。しかし、自分でノイズをかけ、不明瞭なトレードをしてしまえば、せっかく身銭を切って得た貴重な経験が適当に売買をしたのとなんら変わりのないものに変身してしまうのです。

　私も最初の１～２年くらいはひたすら板読みだけで売買していました。今も基本は板読みだけですが、次第にある程度自分の板読みの幅も広がり、自信が持てるようになってきたので、自分のトレードの幅をさらに広げるべく、チャートを見て売買してみたり、先物や指数連動で、時間軸が長めのトレードをしてみたり、全体の方向感を見ながら同時に１０銘柄以上保有してみたりと、いろいろなスタイルにも積極的にチャレンジしていくようになりました。もちろん、今まで板読みだけでやってきたのでそれ以外の知識も経験もないですし、余計な先入観を持たず、自分の力で身に付けたいと思っていたし、チャートなどについても本などで基本を勉強してからやるつもりも毛頭なかったので、ごくごく基本的なことすら知らずにチャレンジしました。

　そんな状態ですから、当然、すぐに結果が出るとも思っていませんし、実際、ちまちま授業料を払っている感じでした。そのこと自体は構わないのですが、新しいことをやっている割には、どうも今ひとつ、得ているものが少ない気がしたのです。板読みトレードの合間に、片手間でやっているからかなと最初は思っていたのですが、あるときに、

重大な過ちをしていたと気づきました。自分なりにチャートにあたりを付けて入っているのに、先物連動を期待して入っているのに、どうしても気になって板の動きを追ってしまい、目先２～３ティック下げそうだからと、板読みで降りてしまっていたのです。

　そもそもチャートや指数連動の経験を積むために入ったにもかかわらず、余計な板読みを加えたことで本来の目的がぼやけてしまっています。これが大問題でした。
　ＩＮの根拠がチャートなのですから、本来、板の動きなど関係なく、チャートの動きだけを追わなければいけないはずです。それなのに、なまじ板読みに自信があったために、色気を出して板読みも加え、少しでも良い結果につながるように無意識のうちに自分を操作してしまっていたのです。これでは、仮に板読みによって収支的には少し良くなったとしても「何のためにトレードをしたのか」がよくわからなくなります。このときは、余計な板読みによって、「チャートや指数連動を元にトレードした気になっている」だけの状態になっていました。

　このように、自分が選んだチャートが悪くて負けたのか、板の動きに問題があったのか、自分自身でもわからなくなってしまっていたので、学習効果も感じられませんでした。そもそもチャートで入って板で降りているのですから、チャートを使ってのトレードは完結していませんしね。要するに、一貫性がないわけです。やりかけで放り投げてしまっているのですから、冷静に考えれば、学習効果など期待できるはずもありません。
　仮に、チャートで入って板読み要素も加えたいのならば、目先２～３ティック下がりそうな場面で一旦利確してから２～３ティック下で入り直し、玉を入れ替えるとかすれば収支的には有効だったと思いま

す。でも、それは勉強しようというときには余計なことです。しかも、大抵一度降りてしまうと、なかなか入り直せなかったり、予想と違って置いていかれることもあって、「一体何がしたいんだ？」と自己嫌悪に陥ることもありました。

　そもそも勝ちを拾いに行くためのトレードではないのですから、目先２〜３ティックなどくれてやって、その代わりに授業料を払った分、しっかりと経験を積むことが大切なのです。
　そのことに気づいてからは、チャートの勉強のために入った場合は、売買はチャートのみで判断するようにしています。当然、まだまだ勉

強中だし、相変わらず片手間なので、成果は全然ですけどね。その代わり、指数連動に関しては、個別の銘柄の板の動きを見ない代わりに、先物もしくは当日相場を引っ張っている主役銘柄の板の動きをじっくり見て、指数の動きをいち早く察知できるように心がけてからは、多少、成績が良くなったと思います。

　勝ちを拾いにいくトレードでももちろんそうすべきですが、特に勉強のためのトレードでは「自分が何を見ようとしてるのか」をしっかりと意識し、きちんとそれを見届けるように心がけてください。

今回の話のまとめ

自分が何をやっているのか、きちんと把握し、行動に一貫性をもたせること。行動に一貫性がないと、ただ「何となく」やった取引になってしまい、学習効果も期待できない。

2　自己満足的な数字にこだわらない

　ブログを徘徊したり、トレーダーさんと話をしたりしているときによく気になるのが「ただ今〇〇連勝中」「最高〇〇連勝」や、「今月勝率〇〇％を目指す」といった、連勝や勝率という見せかけの数字にすごくこだわっている人が多いということです。
　これって意味があるんですかね？　私にはあまり意味があるように思えないどころか、マイナスにしか思えないのですが……。というよりも、超一流と呼ばれる人たちで、こういう数字にこだわっている人をひとりも知りません。

　なぜ良くないかというと、こういうことにこだわっていると、「数字をよく見せたい」という願望が出てくるので、結果的に数字をよく見せるための無駄な取引が発生し、期待値を下げることになるからです。

　例えば、昨日まで日ごとの収支が９連勝中だったとします。もちろん１０連勝したところでボーナスが出るわけでも、急に実力がつくわけでもないので、本来は、当然今日もいつもどおりやるべきことをやるのみです。ところが、こういう連勝とかを前面に出す人というのは、ほとんど例外なくその日の後半は連勝を守るための取引になってしまっています。

「今やめたら何とかプラス５０００円だし、今日はここでやめておこうかな」
「あと１万取れば今日プラスになるから、ちょっと無理してでもここ入ってみるかな」

こういった経験はありませんか？　これって正しい取引だと思いますか？　これは１０連勝がかかっているからやってしまった取引であって普段はやらないことですよね？

こういう余計なことで取引がブレるのは非常に良くないことです。普段よりも期待値の低い行動を取っているわけですし、やるべきことではなかった行動で得た○○連勝といった結果は、ただの自己満足にすぎないですしね。ものすごく前向きに考えれば、「自分は○○連勝できたんだ」「自分の勝率は○○％あるんだ」ということが自信につながるという考え方もありますが、それはよく見せるために無理矢理取りつくろった数字なので、かえって自分を弱くしてしまうだけだと思います。

もちろん、まったくこういうことを意識しないで、年の締めとかに１年分のデータを整理して、勝率や損益比などを出して、自分の取引を数値化し、客観的に見つめなおすことは非常に有意義だと思います。しかし、そういうことではなくて、目先の数字にこだわっている人は、無理矢理プラスに持っていった日が何日かあるわけですから、きちんと自分の取引を分析する機会すらも、自ら台無しにしていることに気づいてほしいのです。例を挙げてみましょう。次の①と②を見てください。

①本来の取引結果例
＋３、＋５、＋１０、＋５、＋４、＋１３、＋４、＋６、－１、－２（万円）

②連勝にこだわり、無理な取引を行った結果例
＋３、＋５、＋１０、＋５、＋４、＋１３、＋１、＋６、＋１、－６（万円）

引け間際にいつもなら入っているはずの期待値の高い場面があったが、もし負けて今日の収支がマイナスになると、連勝が止まってしまうので、見送った（やっていれば結果３万円のプラスだった）

引け間際に少しだけマイナスだったので、プラスにしたくて、本来入らないポイントで無理矢理入ったら、１日はたまたまうまくいってプラスにできたが、もう１日は余計なマイナスを計上した

本来ならば、この人の取引手法の勝率は８０％だったところが無理矢理９０％に水増しされて実力以上の評価が出てしまっているうえに、収支は減ってしまって、まるで良い点がありません。しかも連勝にこだわっていると、こういった場面が結構な頻度で出てしまう点にも注目です。

　ほかにも多いのが、「動き的にはここで利確したいけど、もしあと１ティック上で利確できれば、＋１００万円という切りの良い数字になるし、もう少し粘ってみよう」とか、「あと少しで１００ティック抜きというすごい記録ができるから、そこまで行ったら利確しよう」などです。ブログに書くときや、友達に話すときに「聞いて聞いて！　すごいでしょ！？」と言いたいがためにこういう切りのいいところまで粘るというのは非常によく見る光景ですね。この人たちにとっては、＋１００万円と＋９９万円。１００ティック抜きと９９ティック抜きでは途方もない差があるのでしょうね。確かに、聞いたときのインパクトは多少違うと言えば違いますが、その１万円、１ティックを無理に狙って期待値の低い行動をするくらいなら、そこはきっちり９９万円、９９ティックで利確しておいて、別の機会で１万円を狙ったほうがよっぽど賢明だと思います。私個人の意見ですが、こういうちょうど＋１００万円、１００ティックとかで利確したのを聞くと、「すごいな」というよりは、むしろそういうのにこだわってしまう人なのだなと、少し残念な印象を受けてしまいます。さすがに喜んでいるところに、そんな冷めたことを言って、水を注すような真似はしませんが（笑）。

　こういったことを気にしている人は非常に多いですし、「普通の感情なのだから、そこまで自分に厳しくしなくても……。確かに、こうして見ると少し損しているかもしれないけど、自分はそうすることで気持ちが楽になるし、１００万円勝ちと５０万円負けを交互に繰り返すよりは、毎日２４万円プラスのほうが、トータル勝ち額は少し減っ

てもずっと精神的に楽だし、自分はそっちのほうがいいと思う」と考える人のほうが断然に多いでしょう。

　心情的には非常にわかります。しかし、みんながそうだからといって楽な輪に入ってしまっていては、いつまでたっても上位5％のグループには入れません。期待値を少しでもプラスにするためには、そして、自分のトレードをきちんと芯が通ったブレのないものにするためには、こういった何の意味もなく自己満足にすぎない見せかけの数字のためだけに余計な取引をするのはやめましょう。今までこういったことにこだわっていたなと思う人は、取引前に、「本当にこれは必要な取引なのか？　本当にここは見送る場面なのか？」ということをしっかりと確認しましょう。

　さらに厳しいことを言えば、こういった自問自答している一瞬の間に、大事なチャンスを逃してしまうことも多々あると思います。もちろん、最初のうちは仕方がないと思いますが、なるべく早い段階で、いつも自信を持って、毎回きちんとやるべきことをやっているんだと迷わず取引できるようになりたいですね。そうすることが、現在の期待値を高めることにもつながります。しっかりといつも同じ基準でブレのない取引をすることで、今後の自分の成長も早まると思います。

　人は、自分が思っているよりもずっと自尊心や自己顕示欲といったものに左右されやすいものです。自分をついついよく見せようとしてしまいます。

　そして、その感情は他人に対してだけではないのです。実は、自分自身に対しても"よく見せたい"という欲望があります。どういうことかというと、「自分はもっとできる人間だ」と思いたいわけです。しかし、それはトレーダーにとっては邪魔な感情です。自信をつけるのはよいことですが、ハリボテの鎧をまとって自分を強く見せただけでは、かえって戦場でケガをしやすくなります。

もちろん、自尊心を持つことは人としてとても大切なことですし、しっかりと自信を持ってこそ、勝負どころで強気に入れるということも確かにあります。しかし、自尊心やプライドという言葉は、多くの人の場合、見栄と同様の意味で使われていたりします。

　自分のトレードにプライドを持ちたいのならば、本来必要のない取引で１０連勝を無理やり１１連勝にして「見栄」を張るのではなく、今日勝てば１１連勝という日でも、「今はたったの１０００円のマイナスだからすぐにでもプラスにできそうだけど、これといった取引チャンスがないから無理はしないで、きっちりとマイナス１０００円を計上し、今日もきちんとやるべきことをやって、その結果を素直に受け止めよう」ということを続けてください。プライドという言葉を、自分のやっていることに「誇り」を持つという意味で使ってほしいと思います。

> **今回の話のまとめ**
>
> **記録にこだわったところで、得る物はただの自己満足だけ。そんなもののために自分の取引を曲げないこと。**

3 相対的な考え方を養う

「相対的に物事を考える」。これは私が普段から、株に限らず人生において最も重きを置いている考え方のひとつで、事あるごとにこの話をしています。

絶対的とは、ほかの一切の影響を受けず独立であることで、相対的とは、ほかとの比較の上に成り立ちます。例えば、テストの点数で言うと、「８５点だった」というのが絶対的で、「平均点より１０点上だった」というのが、相対的な結果となります。

株だけではなく、多くの物事は、相対的に考えたほうがより真理が見えてくるにもかかわらず、絶対的な視点でしか物事を考えられない人が非常に多いようです。先ほどのテストの例で言うと、「○○大学に合格するためには、何点以上取るべきか？」と考える人が多いですが、実際には何点取れば合格なのではなくて、「上位△人までを合格とする」という形なのですから、点数ではなくて順位をより意識すべきなのです。実際に、偏差値も相対的な位置を示したものですしね。

上で挙げた例ですと、結局は「点数をより多く取ればいいんだろ？」ということになって、さほど相対的な考えの重要性を感じないかもしれませんので、違うお話をしたいと思います。

私は一時パチプロをやっていた時期があります。その前からもずっと小遣い稼ぎによく打っていました。パチンコを打ったことのある方ならわかるように、パチンコの場合には、ボーダーラインというものがあります。それは大当たり確率、１回当たりの出玉、換金率などか

ら、１０００円当たりどれだけデジタルが回ればちょうど期待値がゼロになるのかという回転数のことで、それ以上（＝ボーダーライン以上）回る台を探して打つだけで期待値をプラスにできるのです。ですから、パチンコにおいては、トータルで勝つことは難しくはありません。仮に、ボーダーラインが雑誌等に載ってなくても、確率などの内部仕様がわかれば、自分でボーダーラインを計算して出していました。

ここまでは絶対的なお話で、単純に確率計算だけなので、さほど難しい話ではありません。問題は新台やレアな台などで、情報がなく、どんな台なのかわからないとき、要するに絶対的な基準では立ち回ることができない場合にどうするのか、です。こういうときには、相対的に考えてみると「どう立ち回るべきか」が見えてきたりします。

細かい説明は省きますが、店が利益を出すために当たり台を２０％用意し、残りは回収台とすると、自分の台とまわりの台を比較して、自分の台が１０台中１〜２番目に回っていれば、この台は期待値がプラスではないかなと考えるわけです。もちろん、最初の２０％という仮定は、イベントだったり、店が優良店かどうかにもよって、多少変える必要があります。ただ、店の営業が成り立っているとして、さすがによっぽどの赤字覚悟のイベントでもない限り、まわりと比べて自分の台が一番回ってないのに、その台が期待値プラスということは考えにくいですよね。もしそうだとしたら、あっという間に店が潰れてしまいます。

逆に、自分の台がまわりと比べて一番回っている台であるにもかかわらずボーダーラインを下回っているとすれば、その店には勝てる台が一台もないということになります。よっぽどのボッタクリ店でもない限り、そんなことにはしないでしょうから、この台はきっと期待値がプラスだろうと考えます。

ところが、まわりと比較しないで自分の台だけで見ていると、勝てる台なのかどうかもわからないまま打ち続け、最終の結果を見て判断

するしかないわけです。しかし、相対的に物事を考えられると、特に難しい計算や知識も必要なく、ただまわりと比べるだけで済むのです。

　非常に大切なことなので、もうひとつ、今度はより株取引に置き換えやすい例を挙げます。私が就職活動のアドバイザーのようなことをやっていたときの話です。エントリーシートの添削などをしていると、最初のうちは、特に大きくケチをつけるところもないけど、だからといって別段興味を引くわけでもない、ある意味、優等生的なというか、無難に書き上げたものを見せられます。だから、そこで私の言う台詞も、「これだと特別悪いところはないから、１００人のうち５０人が内定なら残れると思うけど、逆に特別印象に残ることもないから、実際は１００人のうち数人しか内定しないのに、どうやってそこに残るの？」「バイト頑張りました。サークル頑張りました。留学はすごく良い経験になりました。確かにそうだろうと思うよ。でもほとんどの大学生がそうだよね？　そこでみんなと同じようなエピソードを書いて、どうやって自分だけがごく一部の合格者に選ばれるの？」と、いつも大体同じになります。まぁ、日本人は右へ倣えの人種で、抜きん出て褒められるよりは、どちらかと言うと「下手に目立って、出る杭は打たれるといったことにならないようにしよう」というほうを普段から意識しがちなので、しょうがないといえばしょうがないんですけどね。もちろん、１００人中５０人も内定者を出すような太っ腹な企業なら「選ばれる」というよりは「ふるい落とされない」といった感じなので、先ほどのような無難な回答のほうがむしろ良いときもあります。ただし、内定者が数％いるかどうかの人気企業の場合は、そこら中にいくらでもいそうな人材をわざわざ選ぶはずがありません。そういうときは、「まずは印象に残るものを書くこと。きみのエントリーシートを１０人の採点官が見て、今のきみが書いた内容だと、１０人が１０人、可もなく不可もなく。せいぜいまあまあだねと答えるだろう。けど何

十倍、何百倍の中から選ばれたければ、１０人のうち９人に『この人はちょっと……』と言われても、残りひとりに『この人何か気になる』と言わせるほうがよっぽど可能性はある」といった感じのことを話しています。もちろん、１０人中１０人にとって気になる人材というのが理想ですが、まずは意識的に大衆（心理）から抜け出すことが、とても重要なのです。

　非常に前フリが長くなってしまいましたが、いよいよ株についてのお話です。先ほどから繰り返し述べているように、絶対的な評価がしにくいときほど、相対的な考え方が役に立つことが多いです。株の場合も、人間同士がさまざまな判断材料から、いろいろな思惑、感情をもってやり合うわけですから、正確な期待値など算出できませんし、偏差値を算出したり、ゲームのキャラクターのように、レベルや能力を数値化することもできません。しかし、そこには必ず勝者と敗者が生まれ、その間にはそれ相応の理由が存在します。では、どうすれば今の自分のポジションを把握し、勝ち組に入ることができるのか？　そういうときに相対的な考え方ができると、やるべきことが見えてきます。

　株は競馬や宝くじ、パチンコなどといったギャンブルと違って、胴元が存在しないので、ゼロサムゲーム（全員の収支を合わせると０になる）と言われています（実際には胴元こそいないものの手数料も払うし、時価総額も変わるので、厳密にはゼロサムとは言えませんが、比較的近いということと、勝者と敗者をイメージしやすいので、ここではゼロサムとして進めます）。本来ならば、勝者と敗者の２種類の人間が存在するので、一見すると、２人のうちひとりが勝者と思えそうですが、実際は頂点近くの人間が圧倒的な金額を搾取することと、手数料のこともあり、株でずっと勝ち続ける人は５％程度だと言われています。まずは、この厳しい現実をしっかりと認識してください。

もちろん地合いが良いときなどは、一時的に非常に多くの人が儲かるようなバブル相場もありますが、ここで言っているのはあくまでずっと勝ちつづけるという意味です。ほとんどの人が軍資金数十万円～１００万円くらいで株を始めて、負けて退場する場合でもすべてを失うわけではないのに対し、頂点近くの人たちは何億円、何十億円と稼ぐわけですから、こういう結果になるのも当然ですね。

　そして、もちろんみんな、その頂点とまではいかなくても、少しでも多く稼げるようになりたいと思っているわけですが、ほとんどの場合、そのための考え方が「絶対的」なものだったりします。つまり「月にあと１０万円勝ちたい」「月に１００万円くらい稼ぐにはどうすればいいか」といった感じです。雑誌などの見出しも、大抵こんな感じですよね。だけど、これではなかなか魚の捕り方は見えてきません。「○○円稼ぐためにはどうするか」ではなくて、「上位５％の枠に入るためにはどうするか」を考えてみてください。そうすると、非常に多くのことが、違った視点から捉えられるようになります。

　例えば、すぐに身近なうまい人に意見を求める人。
「○○って銘柄を○○円で買ったのですが、もう売ったほうがいいですか？」

　うまい人を見かけると、すぐにやり方を教えてもらって、真似ようとする人。
「どうやったら勝てるようになりますか？　売買ポイントを教えてください」

　自分で考えようとせず、信憑性の怪しい情報に頼ろうとする人。
「いつも見ているサイトでこの銘柄を推奨していたから」

すぐに人の意見に流されてしまう人。
「この銘柄買ったんだけど、掲示板見たらみんな下がるって言っているから売ろうかな」

　共通点がおわかりになりましたか？　こういった人は非常によく見かけますが、上のすべてにおいて言えることは「自分で考えようとしていない」ということです。例えば、これがスポーツなどの分野なら、自分よりもうまい人に教わって、自分の能力を高めるというのは間違いではないのですが、株のように人対人でやりあおうという分野の場合は話が違ってきます。常に人の意見ばかりに頼って、どうやって上位５％に入ろうというのでしょうか？　自分で考えずに人に頼った時点で自分が意見を求めようとしている人よりも上に出る気がないわけですから、その人がどんなポジションかは置いておいても、５％に残るための考え方とは言いにくいですよね？

　同様に、例えばチャート本を１冊買ってきて、日足と移動平均と、一目均衡表といった、誰もが知っているような指標を使って、至極単純にブレイク、抵抗線といったセオリーどおりの売買を３カ月ほど続けて、３カ月ともプラスになったとします。多くの人は３カ月もプラスが続くと、「株って簡単じゃん。これなら仕事を辞めて専業になったほうが儲かるだろう」と思いがちです。確かにセンスはあるほうかもしれません。でも、もう一度考えてみてください。そんな誰もが知っているような指標を使って、そのままセオリーどおりの売買を続けて、果たして上位５％になれるほど簡単でしょうか？　まさか９割以上もの人がセオリーも知らずに大金を賭けて適当に売買しているというのでしょうか？　ほとんどの人がチャート派なのに？　仮に５％が１０％だとしても、少し楽観的すぎる気はしますよね。おそらくは地合いがたまたま手法にマッチしただけでしょう。

別に本を読むことが悪いわけでも、メジャーな指標を使うことが悪いわけでもありません。ただ、みんなと同じようなことをしているだけなのに、自分だけが頭ひとつ抜けられるという考えは、少し甘いと言えますよね。直接の判断はメジャーなものを使うにしても、例えば銘柄ごとに過去のデータを算出して、銘柄ごとの癖を見てみたり、出来高の増加率などといった、ほかの人が見落としがちな指標と組み合わせてみたり、ダウ先物や為替なども組み合わせて条件付けをしてみるなど、自分だけの武器は必要だと思います。

　私は、株をやり始めた当初から「人から教えてもらう」「人を頼る」という考えを捨て、すべて自分で「考える」ようにしてきました。そしてジャンルごと──例えばメンタルの強さなら○○さん、咄嗟の判断力なら△△さんといった具合──に、「このジャンルならこの人！」と思えるような人をまずは身近な人で見つけ、自分との差はどこにあるのかを考えました。身近な人だからといって教わろうとするのではなく、自分で考え、盗み取るのです。そして、その人と肩を並べられるくらいになってきたかなと思ったら、今度はブログなどから再び「そのジャンルで１番」と思える人を見つけ、同じように「自分とその人との差はどこにあるんだ？」とひたすら考え、差を縮めていくようにしています。

　スランプに陥ったり、大局的な判断に迷ったときは、自分の相対的な位置を意識してみてください。「自分の相対的な位置を少しでも上げ、最終的に５％に入るためにはどうするのか？　何が足りないのか？　５％に入っている人たちはこういうときにどうしているだろうか」と考えてみてください。
　逆に、今調子が良いなと思う人、自分の手法に自信を持ちかけている人も、自分のやっていることは「本当に上位５％たるべきことか？

ほかの人にそれだけの差をつけられることをしているのか？」と常に問いかけ、兜の緒を締めなおしてください。

> 俺、今回のテストで80点も取っちゃったよ

> でも、平均は90点だったよね……

今回の話のまとめ

普段から相対的に物事を考える癖をつけておくこと。上位5％に入るためにはどうすべきかを、常に意識しておくこと。

4　大衆心理を理解する

　「大衆心理に巻き込まれるな」。このような格言をよく耳にすると思います。確かに大衆心理どおりに、みんなと同じように考え、同じように動いては、勝てるわけがありません。先ほどの絶対と相対でお話ししたように、みんなと同じようなことをしていて上位5％に入れるわけはないですからね。

　ところが大衆心理というだけあって、多くの人がそう考える場面ですから、「みんなと同じではいけない」と意識していても、ついつい大衆心理で動いてしまうことが多いと思います。その場合は損失につながることが多く、大衆心理＝悪いこととして、とにかくみんなと違うことをすればよいと捉えてしまいがちですが、そう単純なわけでもありません。

　特に多いのが、大衆心理に巻き込まれないということを「大衆心理と真逆のことをすればいい」と捉え、単純にみんなが買っている場面で売り、売っている場面では買う、いわゆる逆張りをすればよいと考えてしまうことです。しかし、ここでお話しする「大衆心理に巻き込まれるな」とは、そういう意味ではありません。

　相場には、仕手銘柄のように、一部の大口の思惑で動かされる銘柄もありますが、そういった圧倒的な資金を持った一部の大口が強引に相場を操作する場合を除き、ほとんどは、参加者がより多く向いている方向、いわゆる大衆心理によって方向が決まります。ですので、大衆心理だけで動いてはいけませんが、大衆心理を理解し、うまく利用

することは大切になってきます。

　大衆心理に引きずられて、みんなと同じようなところで買って、同じようなところで売ってはいけませんが、その大衆心理を一歩下がって見ることができれば、みんなが買うであろう一歩前で買い、売るであろう一歩前で売ることができますよね。もちろん、簡単にできることではありませんが、今、どうなのかではなく、常に一歩先の展開を考える癖をつけるようにすれば、こうなったらみんな買ってくるだろうというのが見えてくるはずです。ならば「そうなってから買う」のではなく、「そうなりそうという段階で仕込む」、もしくは「そういう場面を自分で作り出せばよい」のです。もちろん、この値段をブレイクさせるといったような、それなりの資金がないとできないようなこともありますが、単に新値をつけるだけなら、条件がそろえば1単元でもできるわけですし、今は無理でも、今後自分が成長し、大口になったときのためにも、大衆を動かすことも意識できるようになるとより良いでしょう。

　先ほどから繰り返し出ている大衆心理という言葉ですが、理解する必要はあるものの、無理に自分の考えを大衆心理寄りに持っていく必要はありません。「株投資は美女コンテストのようなもので、グランプリを取る女性、すなわち、みんなが好みの女性を選べばいい」と言いますが、必ずしもその女性が自分の好みのタイプである必要はありません。自分の好みと大衆の好みがどれだけずれているかをしっかりと理解していれば、グランプリを取る女性を当てることはできるわけですからね。株で言えば、「自分はそうは思わないけれども、みんなはこういう場面で買いたいと思うらしい」ということがわかっていれば、何の問題もないわけです。

　私は板読み中心なので、常々「自分がどう思うか」よりも「まわりがどう感じるか」、そして「その結果、どう動くか」を考えながらやっ

ています。ですから、もはや自分がどう感じるかということは考えなくなってしまいましたが、最初のうちはやはり「自分なら絶対にこうするのに」という場面で、何度も噛み合わないことが続くこともありました。最初のうちこそ「納得がいかない」とぼやいていましたが、そのたびに「納得がいかなくても、相場は合わせてはくれないのだから、自分が合わせるしかないのだ」と言い聞かせ、自分の主観を極力排除するように心がけていきました。今では、自分の考えよりもまわりがどう感じるかを先に考えるのはもちろんですが、シチュエーションや銘柄によって参加者が異なるので「この場面で大口ならどう感じるか？ 小口はどうか？ さっきこの値段で買った人はどうか？」など、参加者それぞれの立場に立って、どの立場の人はどう感じるかというところまで考えるようにしています。

> みんなと同じことをやっていては勝てないんだぜ

> でも、何でもかんでもみんなの逆をすればいいってことじゃないよ

流行銘柄はコレだ！
買い気配
必勝手入

今回の話のまとめ

大衆心理と、自分の主観とを分けて考えること。そして、それぞれを客観的に見つめ、大衆心理をどう利用するかを考えること。

5　ノートを取ることで安心しない

　常に学習する姿勢が大切と、先ほどから繰り返し書いてきましたが、私が言う学習とは、主に「考える」という意味になります。ベタなところでは、本を読んだりもそうですし、ノートを取ったりもそうですよね。特に、場が引けたらノートを取って、その日の取引を振り返ったり、データを分析したりして、復習している方も多いと思います。そこで、ここではノートの取り方について考えたいと思います。といっても、実は私はまったくノートを取らないんですけどね（笑）。

　なぜノートを取らないのか。これは、私の受験生時代からの持論になります。ノートは視覚的に訴えるものですし、書きながら情報を整理するのには非常によいのですが、書くことにある程度意識を持っていかれます。また、どうしても後で何度も見直して「暗記」するのが主だった目的になってしまいますから、反射で動く必要があるもの、そのときどきで考えなければいけないようなものを咄嗟に引き出すには、あまり向いていないと思っています。例えば、学校の教科で言うと、英語の文法や前置詞の使い方をまとめたり、社会科系の教科を見やすくまとめたりすることには役立ちますが、数学などはノートでまとめるにはあまり適さない教科だと思います。むしろノートを書くほうに意識が持っていかれるし、ノートを取ったことで覚えた気になって安心してしまう部分もあるので、本当に苦手な人が基本をまとめたりするためにノートを取る以外は、ある程度以上のレベルを目指しているのならばノートを取るよりも、頭に焼き付ける努力をしたほうがいいと思っています。ノート自体はものすごくきれいにまとまっていて見やすいのに、テストの点数はイマイチという人がクラスにひとり

くらいはいたのではないかなと思います。そういう人は授業中、情報の取捨選択をせずに、ひたすらノートに書きとどめることに意識が集中してしまっているわけですから、頭に入らないのもある程度は当然かなと思います。塾講師時代、そういう生徒には思い切ってノートを取らずに、その分、集中して先生の話を聞いて、ノートは後から友達に写させてもらうようにしろと指導していました。

　株の場合は、システムトレーダーさんが情報を分析して、売買条件を考えたり、チャートを並べて分析し、何か傾向がないか調べたり、データの統計を取ったりするのにはよいと思います。しかし、デイトレーダー、特にスキャルピングと呼ばれる超短期売買を実践している人がノートを取ることについては、賛否両論あるでしょうが、どうかなと思います。少なくとも私は絶対にノートを取らないようにしています。

　なぜなら、スキャルピングの場合は、考えをゆっくり整理したり、頭の中の引き出しを開けてじっくりと動くタイプの手法ではないからです。注文が０．１秒遅れたら致命傷になりかねないような手法なので、頭で考えるより、反射で動けるようでないといけません。そして皆さんにも経験があると思いますが、こういう感情や欲がからむものでは、人は何度も何度も同じ過ちを繰り返してしまいます。そこをどう克服するかで次のステージにいけるかどうかが決まるのです。ならば、それほどまでに大事なことなら、失敗するたびにノートに書いて一時的に克服した気になって安心するよりは、また同じ失敗をしたという悔しさを徹底的に頭に焼き付け、失敗したトレードの買ってから売るまでの動きを１秒たりとも漏らすことなく覚えておくくらい集中して「頭の中で」反復したほうが、結果的に早く克服できると私は思っています。

例えば、私の場合は主に「一瞬のふるい落としに耐えられず、つい降りてしまった」「チャンスだと思ったのに、ついびびってあまりロットを入れられなかった」といった弱気な性格や感情から、一瞬の隙や躊躇が生まれ失敗することが多いのです。こういうことはノートに書いたからといって、簡単に克服できる類のものではないですからね。こういうときには「どうすべきか」を一瞬で判断できるようにしっかりと体に染み込ませるしかありません。

　そうは言っても、今までずっとノートを取ってきた人のなかには、書かないと非常に不安だという方も多いでしょう。確かに、書くと頭の中を整理できますしね。でも、ノートに書いておくだけでは意味がないのです。特に、デイトレーダーにとっては、すぐに引き出せない情報＝あまり意味がないものといえます。ノートに書いてあることと、

覚えていることは決して同値ではないのです。

　確かに、ノートを書くことで明日のミスを防ぐことはできるでしょう。しかし、いちいちノートにメモしているようでは自然に体が動くようになるまでに時間が掛かってしまうと思います。むしろ、最初からノートを取らないほうが"一瞬で判断できるレベル"に早く到達できると思います。

　もし、ノートを書かないと不安だというなら、今までどおりノートを取って考えを整理してください。そして、書き終わったら思い切ってそのページを破り捨ててください。また同じ失敗をしたのなら、また書けばいいんです。ノートにメモすることで、できるようになった気にだけはならないでください。

今回の話のまとめ

ノートは暗記するためではなく、考えをまとめるために使用すること。ノートに書いているだけなのに、覚えていると勘違いして安心しないこと。

6 確率と統計を履き違えない

　システムトレーダーさんや、ずっとひとつのスタイルを守って成功した方に多い過ちとして、「過去の『統計』を『確率』と混同している」が挙げられます。

　「統計」とは過去や現在のデータを整理したものであり、「今までこうだった」「今、こういう傾向にある」ということがわかります。それに対して「確率」とは「今後どれだけの割合でその事象が起こるか」を表しています。これらはよく混同されがちですが、似て非なるものです。

　もう少しわかりやすくいうと、「統計」、すなわちあなたが今まで集めたデータを見れば「今まではどれだけの割合でそれが起こったか」がわかりますし、「あなたの手法がどれだけ通用してきたか」はわかりますが、それだけです。今後もそれがその割合で起こるということを保証するものではありません。そのことをきちんと理解できている人が意外と少ないように思います。

　仮に、あなたがある手法のバックテストをやったとして、勝率６０％という数字が出たとします。それは過去にその手法の勝率が６０％であったというだけの話です。今からやるトレードの勝率が６０％になるとは限りません。もちろん、環境が大きく変わらないのであれば、ある程度は近い意味では使えますが（もちろん、バックテストの設定期間にもよりますが）、それでも"近くなる"というだけの話です。

また、バックテストで取引を１万回やって勝率６０％だったのならば、その数字はある程度信頼してもいいでしょうが、もしそれが５回やって３回勝ったという程度のものなら、今後、１万回実践したときの勝率が８０％になっても、２０％になってもまったく不思議ではありません。

　環境が大きく変わらないのであれば、といったのは人と人が絡んで市場を形成している以上、流行り廃りは当然あるからです。システムや景気、税制といったまわりの環境も複雑に絡んでくるので、まったく同じシチュエーションはあり得ません。そして、それら外部環境の影響で一時的な偏りが生じることもあるものです。ライブドアショックやサブプライムショックといった大波乱の直後には、ほとんど感情と需給だけで動いていたので、指標やファンダなんて何の役にも立ちませんでしたし、ＩＰＯの初値買いなども、時期ごとの成績の偏りがものすごく大きいですしね。
　このことに気づいていないと、先ほどのＩＰＯの初値買いのように、もう旬を過ぎてしまった投資法なのにそれに気づかず、いつまでもこだわり続けると資産を減らしてしまうようになるのです。

　私はもともとガチガチの理系で、データ整理も好きですし、大学でもプログラミングを勉強していました。それにもかかわらず、システムトレードをまったくやろうとしないのは、このあたりの理由が大きいのです。もし、今後システムトレードをやるとしたら、加重平均をかけて最近の傾向に重みをつけつつ、パラメータを定期的に見直していくことになると思います。ただ、それをやるためには相場をある程度見ていないといけないので、「システムを組んだら後はほったらかし」という一番のメリットが生かせないという矛盾が生じます。ですから、相当な心境の変化がない限りはやらないと思います。

もちろん、統計を取ること自体はとても意味がありますし、それを否定するつもりはまったくありません。私自身、トレードを始めてからずっと取っているデータもありますしね。ただ、その数値は何年、何十年データを取ってその信頼性を高めようが、今後、変わっていく可能性が大いにあるということを頭にしっかりと入れておいてください。しかも、それは一時的な偏りでなく、突然、今後ずっと使えなくなる可能性すらあります。それを感じたときに今までメインに使っていた手法を捨てる勇気も必要です。変化に対応できないトレーダーは、淘汰されるしかないのですから。

今回の話のまとめ

「今までこうだった」というのは、必ずしも「これからもそうである」と同じではないということを肝に銘じておくこと。物事は、時間とともに変化していきます。

7　人の考えを模倣しただけで学習したと勘違いしない
〜模倣と学習について〜

　投資に限らず、大抵の分野には偉大な先人がいます。そして、幸いなことに、今は情報を得るのがたやすい時代ですから、書籍やDVD、講演、ネットなど、あらゆる媒体を通じて、偉大な先人の考えにふれることができます。

　そのせいもあってか、必ずといっていいほど、信者と呼ばれるような、先人のやってきたことや考えを盲目的に模倣しようとする方がいます。きっとその人の頭の中には、少しでもその偉人に近づけるようにとの考えがあるのでしょうが、果たして、一から十まで偉人のやってきたことをトレースすることで目指す偉人に近づけるでしょうか？

　残念ながら、あえてきつい言い方をさせてもらうと、模倣だけでは、外見は似ていても、まるで中身のない劣化コピーがせいぜいでしょう（ひたすら技術のみを磨くだけでよく、考えることのウエイトが比較的少ない分野はこの限りではありません。投資のように、考えることのウエイトが高い分野においての話です）。

　もちろん、偉人から学ぶことは数知れずあります。いろいろなものをどんどん吸収し、インスパイアされるのはよいことです。最初は模倣から入るのもいいと思います。模倣することで、その人の視点でものを見ることができるわけですし、外から眺めるのと、実際にやってみるのとでは大きく違いますからね。ただ、模倣とは学習の基礎段階で行うことで、そこから先は、「自分で考える」ことが非常に重要なプロセスとなります。

　最も恐ろしく、勘違いされがちなのが、「人の考えを模倣（暗記）することで、学習した気になって悦に入っている」人です。学習とは

考えることです。自分の考えを、自分の言葉で表してこそ、意味のある言葉が生まれるわけです。その結果、どこかで聞いたような言葉であっても構わないわけです。それはあなたが考え、理解し、自分で選んだ言葉なのですから。

「バフェットが言っていたから」
「ジム・ロジャーズもこう言っている」

　確かにそうでしょう。でも、あなたがその台詞を言った理由が単に「彼ら（偉人）が言っていたから」という理由であるなら、それはただのオウム返しでしかありません。そして、恐ろしいことに、コピーがうまくなればなるほど、自分がその偉人に近づき、大物になったかのような錯覚を起こします。バフェットの本の内容を、一字一句そらで言えるようになったからといって、実際、咄嗟に彼らと同じ判断ができるわけではないのにもかかわらずです。実際は、コピーがうまくなればなるほど、どんどん偉人の考えをトレースすることが当たり前になってきて、自分で考える隙がなくなっていってしまいます。

　もちろん、私も今まで３０年以上生きてきて、いろいろな方の影響を受けています。ですから、この本の中にもどこかで聞いたような台詞や言い回しもあるかもしれません（むしろどこにも書いてないような言葉ばかりを選んで、１冊の本を作るというのは不可能だと思いますし、それこそ逆にそれを気にするあまり、一度いろいろな人の言葉を拾いあさってみなければいけないわけですから、矛盾がありますしね）。
　ただ、すべては自分で考え、そして選んで出てきた言葉なので、この本に書いてあることはすべて私の考えだと、胸を張って言うことができます。そもそも、私は本を読んで勉強するタイプの人間ではありませんので、ほかの誰かが言ったかもしれない、どこかで聞いたこと

がある気がする言葉があったとしても、それを誰が言っていたかまで覚えているようなものはひとつもありません（笑）。ですので、一見、有名な方が言った台詞に似たような表現があっても、結論についてはその方と違っているということも大いにありえます。バフェットが書いていたことと、真逆のことを書いていることもあるかもしれません。もちろん、それでいいのです。バフェットの考えを、さも自分が考えたかのように言いたいわけではありませんし、そうしたいのなら、バフェットの本を切り抜いてこのページに張り付けておけばいいのですからね（笑）。

　自分が尊敬する方にインスパイアされるのは大いに結構ですが、もらうのは考え方のヒントだけにしてくださいね。そして、考えに考えて出した結論には自信を持ってください。もしかしたら間違っているかもしれませんが、いいじゃないですか。その結論に至るまでの道は、あなたが自分の足で歩いた道なのですから、もしも間違っていると思ったら、もう一度途中まで引き返してみて、また歩けばいいと思います。それを繰り返しながら、「正しい道を選ぶ術」を学んでいくわけなのですからね。失敗は成功の母と言うくらいですから、失敗したときにこそ、いつもよりも多く「なぜ？」と考えるように心がければ、その結果として密度の高い学習効果が期待できると思います。

　先に答えを教えてもらってから学習しようとしても大した効果は期待できません。ゴールがどこにあったかよりも、どうやってゴールまでたどり着いたかのほうがはるかに重要なのです。ですから、インスパイアを受けた人の影響で歩み出した結果、あなたの尊敬する先人とは違うゴールにたどり着いたとしてもまったく問題はないのです。

　間違ってもインスパイアされた人が「ここがゴールだと言っていた

から」といって、自分が歩いてきた道から脇道にそれ、無理やりそこを目指したりしないでください。

> これって、●●なんだぜ。
> 要するに、
> こういうことなんだよ。
> 君たちには難しいかな？

> それって、まるまる
> この本に書いてあるとおりだけど、
> 君が考えたことなの？

今回の話のまとめ

人の言った台詞をただ真似て言っているだけで、その人のようになれるわけではありません。その人がどう言ったかという結論だけを抜き出すのではなく、どのように考えたかを参考にし、自分自身でも考え、自分の言葉に置き換えること。

8 負けたけど納得のいくトレードが どのくらいあるか考えてみる

　相場は結果がすべて。確かにそれは真理です。結果だけが物を言う世界ですし、それが唯一実力を測るバロメーターなので、その言葉自体は間違いではありません。しかし、それと結果論で物事を考えるというのは、まったく別の話です。にもかかわらず、残念ながらそれを混同している方が非常に多いです。

　みなさんも、私と同じようなことを考えたことはありませんか。いつもどおりのトレードをして、自分的には絶対に入るべきポイントで入ったはずなのに、結果として負けてしまった場合、「負けたのだから失敗だった。やっぱりあそこは入るべきではなかった」というように考えてしまってはいませんか。

　確かに、結果として「負けてしまった」という事実が目の前にあるわけですから、そのときは自分には見えていない何かを見落としていたのかもしれません。また、自分ではいつもどおりやっていたつもりでも、その日のメンタルに左右されてタイミングがほんの少しずれて、うまく噛み合わなかったのかもしれません。そして、「それ（＝失敗の原因）が何だったのか」を考えることが非常に大切だ、ということについては繰り返しお話ししてきたとおりです。

　ただ、先にもお話ししたように、それとトレードそのものを失敗だと決めつけてしまうことはまったく別なのです。今回のトレードの結果も、最終的によくある動きであろうが、イレギュラーであろうが、貴重な経験になりますので、今後のためにしっかりと覚えておく必要があります。しかし、どんなにイレギュラーと思われるものでも、今

回の結果が絶対に正しいとしてしまうと、場合によっては今まで培ってきたものをすべて否定することになりかねません。今回の結果は結果として受け止め、分析し、そして「それでも今回のトレードは間違いじゃない」と言えるようになってはじめて、自分のトレードが確立できたと言えるのではないでしょうか？

　私も今でこそ、「ここは絶対に入る場面だし、結果として負けてしまったけど、ここはこの判断で間違いない」と自信を持っていえる場面は増えてきました。しかし、株を始めたころや、新しい手法を試しているときなどは、「果たして、その結果が出るべくして出たものなのか、それともイレギュラーな結果なのか判断がつかない」ので、どうしても結果で考察するしかない状態が続きました。もちろん、最初のうちはそれで構わないのですが、ずっと結果を参考に判断していくばかりでは、いつまでたっても自分のトレードが確立できません。ですから、「どうせ勝率１００％の手法などあり得ない」と割り切ったのです。要するに、仮にＡかＢかの選択で迷ったとき、いつも結果を見て「ああ、今回は結果がＡだったから、やっぱりＡを選ぶべきだった」「今度はＢが出たから、やっぱりＢを選ぶべきだったのかも」とコロコロ考え方を変えるのではなく、「Ａが出ることもＢが出ることもある。けれども、いつも同じ選択しかできないのだとしたら、Ａのほうが勝率が良さそうだ」と考えるようにしたのです。それからというもの、その都度、結果に一喜一憂せずに見られるようになってきました。

　確かに、足りないものを探すことはとても大切です。しかし、それは自分のトレードを「より良くする（改良）」ためであって、「否定」するためではありません。そもそも個別のトレード単位でみた場合、誤解を恐れずに書くと、結果が必ずしも毎回正しかったとは限りません。ただし、これには「その人にとって」という条件がつきます。

どういうことなのかと言うと、30ページ（1－4）でお話ししたとおり、そもそも勝率100％の手法など存在しないからです。裁定取引のように極力リスクを抑えたものは比較的高い勝率になりますが、場中の裁量トレードなどで見ると、損益比が「1」なら70％でも相当優秀な数字になります。60％どころか、55％でも十分と言えるでしょう（損益比＝勝ったときの金額と負けたときの金額比）。

自分の確立したトレードスタイルを持っている人には、またはある手法の検証をしていて条件に合致しているときなどには、「（自分にとって）絶対にここは入らなければいけないポイント」というものが存在するはずです。そして、そのポイントで70％で勝てるなら実に優秀と言えるわけです。これは、裏を返せば、当然、負けることも多々あることを意味します。

絶対に入らなければいけない場面で入って、きちんとやるべきことをやって負けたのです。反省すべき点がないかを探したり、次に生かすためにいろいろ考えることは当然必要ですが、決意して実行に移したトレード自体には納得できるはずです。そのトレードがあったからこそ、いろいろ考える機会も持てたわけですしね。

先ほど「その人にとって」と強調したのは、その人それぞれで、入るべきポイントやスタイルが違うからです。ある人にとっては「結果はこうなってしまったけど、今回そこは絶対に入るべきだった」といえるのであって、"全員に同時に当てはまるわけではない"からです。

ところが多くの方は、まず結果を先に見て、後から理由づけをしたがるので、「あぁ、やっぱり今回はやるべきではなかった」となるわけです。勝率70％のトレードを、努力して71％、72％にしていくことは可能ですが、都合良く残りの30％だけを抜き取ることなどできません。

例えば、相手がサイコロのような立方体を振って、赤が出るか、黒が出るかで賭けたとします。赤い面は４つ、黒い面は２つあって、赤が出ればあなたの勝ち、黒が出れば相手の勝ちとします。１回の勝負には１万円賭けることとし、勝っても負けても１万円の移動です。つまり、２／３の確率であなたが１万円もらえ、１／３の確率で１万円払うという、非常にあなたにとって有利な勝負です。この勝負を９９回繰り返しますが、あなたは毎回賭ける必要がなく、黒が出そうなので今回は止めておこうと思ったら、その回は勝負を見送ることもできます。この勝負に勝つためにはどうすべきですか？

　答えはもちろん、「９９回すべて勝負する」になります。赤が平均で６６回、黒が平均で３３回出るので、そのときの期待値は３３万円のプラスとなります。それぞれの試行が独立で、１勝負ごとの期待値がプラスなのですから、当然そうすべきなのですが、こういった場面を実際に目の前でやろうとすると、多くの人が必死に勘をはたらかせて、黒が出そうな回を避けようとします。パチンコなどで、「ハマった後は云々」とか、「この台は波が良いから云々」といったオカルト理論を語るタイプには、こういう人が多いです。そして、黒が出たら、「あぁ、やっぱりそんな気がしたんだよな。今回は賭けるべきじゃなかった」と悔しがるわけです。でも、それは期待値を下げる行為以外の何物でもありません。

　これをトレードに置き換えると、「自分のスタイル的には絶対に入るべき場面で、期待値もプラスだった。だから、自信を持って入ったけど、結果的に負けてしまった」となります。サイコロの例で言うと黒が出てしまった。それを見て、「あぁ、やらなければ良かった」とぼやいているわけです。どれだけおかしいことをしているか、わかりますよね？

誤解しないでいただきたいのは、あくまで結果を見てからやるべきではなかったと考えることへの否定であって、例で挙げたサイコロのように、完全に完成されたトレードなどあるはずがないのですから、勝とうが負けようが、反省することだけは忘れないでください。ここで私が言いたいのは「反省はすべきですが、悔いてはいけない」ということです。

　何年もトレードをやってきて、それなりに結果を残してきた方ならば、ある程度、自分のスタイルが確立されているはずです。ならば、本来は、負けたトレードに対しては、より多くの反省と、考えること（改善点）はあるでしょうし、結果には納得できていないかもしれませんが、そこで入ったこと自体は納得している、というトレードが大半のはずです。それをピンポイントで、今回だけ神がかり的な閃きで避けようなどとは思わないことです。

　負けたけど今回は納得。反省はあるが悔いはない。そう思えることが負けトレード5回のうちに1回もないようでは、まだ自分のトレードが確立できていないか、結果論で考えてしまっているかのどちらかです。それを意識するためにも、しつこいようですが、トレードが終わったらすぐにそのトレードを反芻して、「何がいけなかったのか」と考える癖をつけるようにしてください。

　もちろん、これは、ある程度自分の取引スタイルが確立されていたり、目的がはっきりしている場合の話です。私自身、予備知識がまったくないような状態でこの世界に飛び込み、しかも板読みなんてほとんど聞いたことのない手法でしたので、最初は自分のやっていることが本当に正しいのかどうか、正直、不安でした。「この結果は出るべくして出たものなのか？」「もしかしたら全然見当違いのことをやっていて、この結果もすべてたまたまにすぎないのでは？」と考えた時

期もあります。パチンコの場合は単純に期待値計算をするだけなので、いくら大負けしようが、立ち回りは完璧だったと、自信を持って言い切れるような世界でした。それだけに余計に落差が激しく、不安だったことを覚えています。しかも、自分の考えが正しかったかどうかを測る唯一のバロメーターが結果しかなかったので、どうしても結果に目がいってしまいがちになっていた時期もあります。

　ただ途中からは、割と早い段階から結果を出すことができて、資金的にも精神的にも余裕が出てきたことも大きいとは思いますが、「勝つためのトレード」と「学習のためのトレード」を完全に分けて考えられるようになりました。トレードごとの目的がはっきりし、何をやるべきかがはっきりと見えてきたので、当初に感じていた不安はかなり取り除かれました。

　「勝つためのトレード」では、自分が今まで培ってきたものを生かし、より良い結果を出すことと、それに磨きをかけることに専念し、勝っても負けても「どこが良かったのか、悪かったのか」を結果論ではなく、「もっとこうすべきだったと思える点はなかったのか」とすぐに頭の中で反芻し、反省し、次につなげようとすることで、結果にかかわらず、意味のあるトレードにできました。

　もちろん、悔いが残るトレードもあります。それは客観的に「本来、こうすべきだった」と思えるようなことができなかったり、咄嗟の判断が遅れたり、感情で動いてしまったりと、自分のやるべきことができなかったトレードです。結果的に、たまたまうまく転ぶときもありますが、それはただの結果でしかないので、「結果としてはたまたま勝ったけど（＝自分の思っていたようにやっていたら負けていたけど）、本来、自分的にはこうすべきだった」と反省するときもあります。これは「勝ったけど納得のいかないトレード」です。表題の「負けた

けど納得のいくトレード」とほぼ同じような意味ですね。

　このように、皆さんにも「勝ったけど、本来、やるべきではなかったと反省するトレード」が必ずあるはずです。もしそう思ったことがほとんどないのであれば、もはやトレーダーとして完璧に確立されていて、常にやるべきことのみを正確にできているか、結果論でものを考えているかのどちらかだと思います。

　一方、「学習のためのトレード」では、自分がやっていることをできる限り客観的に、正確に把握し、行方を見届けることが一番の目的になります。こちらは最初から結果はあまり気にしなくてもよいのです。

　この2種類を自分の中で分けられたことによって、「自分が今、何をやっているのか」を冷静に判断できるようになったというのは大きかったと思います。

この本をご覧になっている読者の方は、実力、キャリア、目標も皆さんバラバラだと思いますが、やるべきことはそう変わりません。自分が何をやっているのかを客観的に把握し、感情に流されず一貫性のある行動をし、その過程、結果を見つめ、考え、反省し、そして次につなげるのです。結果も確かに重要ですが、ひとつひとつのトレードで見た場合、「今回の結果がどうだった」というのはあまり重要ではありません。今回の経験を、次のトレードにどう生かすか、次のトレードの結果を少しでも良くするためにどうすべきかが重要です。そのためには、「結果」よりも、「結果が出るまでの過程」に重きを置くようにしてください。

今回の話のまとめ

結果論で物事を考えないこと。当然、いつも良い結果が出るわけではない。どのような結果が出ても、自分のやったことは正しいと自信を持っていえるような、芯のブレないトレードができるようになること。

9　ナンピンが悪手な理由を考えてみる

　「ナンピン厳禁！！」。そんな台詞をよく聞きます。マイルールをブログに書いていたりする人だと、必ずと言っていいほどこの項目がありますしね。
　確かに、ナンピンすると、含み損から一発逆転もあるけど、ロットが膨れ上がって大損もあり、決まって大負けするときってナンピンした時だから、やっぱりナンピンは絶対だめ！　そう思っている方も多いでしょう。これは基本的には正解ですが、すべてにおいてそういうわけではなく、ときに不正解です。

　では、どういうときに正解で、どういうときに不正解なのでしょうか？　それは６０ページ（2-1）でお話ししたとおり、「取引に一貫性があるかどうか」に尽きます。ほとんどの人の場合、「ここで反転する」「ここで上に抜ける」と思って買ったにもかかわらず、思惑と外れて下落してしまったのでナンピンして平均単価を下げたという、損切りができないゆえの典型的なやり方です。本来の自分の読みが外れてしまっているにもかかわらず、損失を確定させたくないからという理由でのナンピンなど、動きが読めていない銘柄に普段よりも大きなロットを入れているわけですから話になりません。正に悪手です。

　それに対し、やってもよいナンピンというのはどういうものかというと、「最初からナンピンが前提になっているときの買い（売り）」です。それは一体どのようなときでしょうか。例えば、逆張りスキャルピングなどで急落を拾いにいったとき、ピンポイントで「ここで止まる」と思って買ったのなら、そこで止まらなかった場合はロスカット

すべきですが、同じ急落拾いのスキャルピングでも、「急落が止まるまではひたすら買う」ということが前提だと、最初からナンピンするつもりで入っているのですから、何の問題もありません（図2－9－1と図2－9－2）。

　ご覧のように、図2－9－1と図2－9－2では、それぞれ同じ株価の動きをしていて、どちらもナンピンをしているわけです。図2－9－1のトレードでは、本来ならばナンピンの必要がない動きを予想しながら、その予想が外れたのにもかかわらずナンピンしているので、かなりの悪手です。

　それに対して今まで何度もお話ししてきたように、図2－9－2では、最初からある程度ナンピンすることが前提になっているので、少し怖いトレードではありますが、まったく問題はありません。このトレードでは最初のリバウンドが大きいと予想をして入ったわけで、実際にリバウンドした場合は、もともとそこで売るつもりだったはずですから、当然売っているでしょう。ただし、もし一旦止まりはしたもののリバウンドが小さく、またすぐに下落し始めた場合には、やはり予想が外れたのですから降りなければなりません。同じ株価の動きで、仮に最初に入ったポイントがまったく同じだったとしても、そのときに入った根拠が違うのなら、当然、降りる位置も違ってきます。

　ほかにも、104ページの図2－9－3のように、「少なくともあるポイントまでには反発すると思うので、そのポイントで買えれば一番良いけど、予想よりも早く反発が始まった場合、1株も買えず乗り遅れてしまうかもしれないので、単価が多少高くなっても、少し早めから買い下がっていく」場合も、やはり買い下がりが前提なので、まったく問題はないです。ロスカットラインは、当然ながら、自分が予想を立てたそのポイントを割ったときになります。もちろん、今回は「そ

◆図2－9－1

株価の動き

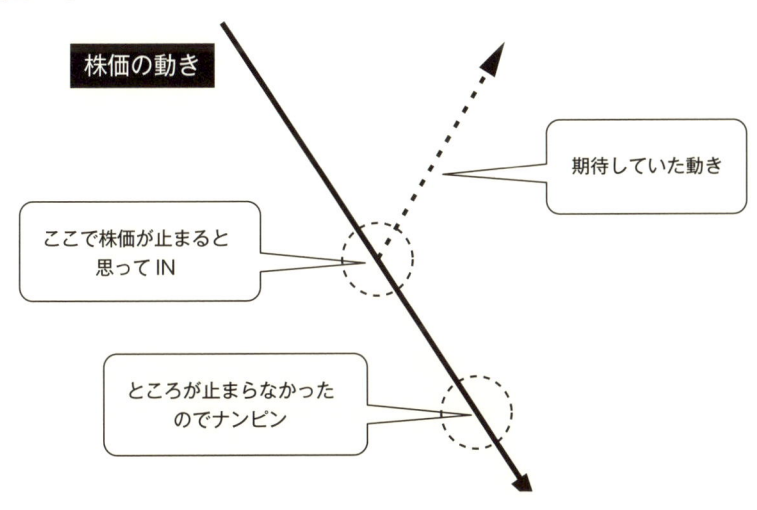

期待していた動き

ここで株価が止まると思ってIN

ところが止まらなかったのでナンピン

◆図2－9－2

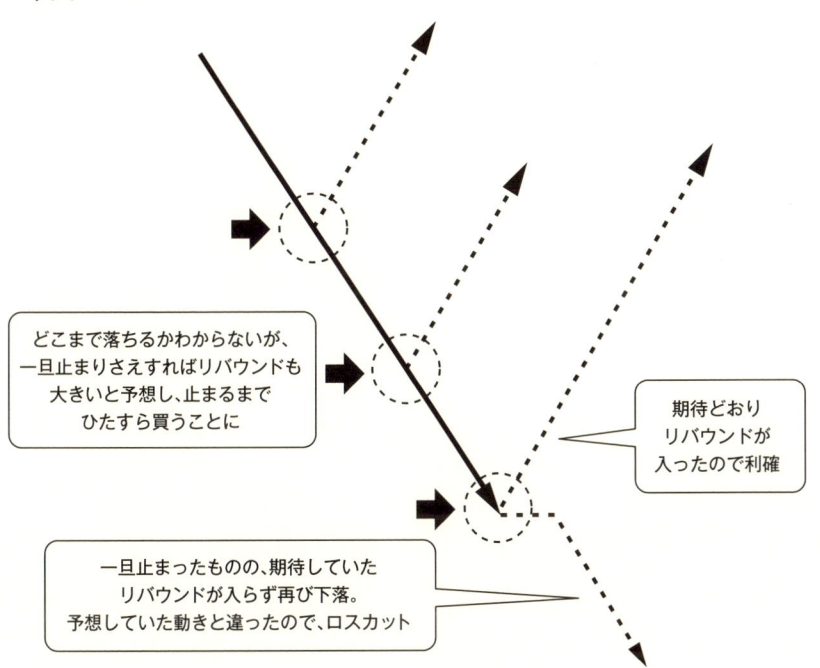

どこまで落ちるかわからないが、一旦止まりさえすればリバウンドも大きいと予想し、止まるまでひたすら買うことに

期待どおりリバウンドが入ったので利確

一旦止まったものの、期待していたリバウンドが入らず再び下落。予想していた動きと違ったので、ロスカット

のポイントまでに反発」という予想なので、こういう買い方になりますが、「そのポイントで反発」とピンポイントで予想したのなら、そのポイント、もしくはせいぜい1ティック上で買うようにしないといけません。

　ナンピンしても良い例、悪い例をいくつか挙げてきましたが、併せてそれぞれのトレードごとにやって良いこと、悪いことも書いてみました。それぞれの共通点はもうおわかりですよね？　そうです。60ページ（2-1）で書いた「取引に一貫性を持たせている」ことです。決してナンピン自体が悪いわけではありません。自分の入った根拠が崩れたら降りる。それだけのことです。そのためにも、急落を見つけたからといって、何となく入るのではなく、「なぜ、ここでクリックしたのか」について自分自身がはっきりと認識できていないといけません。60ページ（2-1）でもお話ししたように、そうでないと、何が良くて勝ったのか、何が悪くて負けたのか、検証しようもありま

◆図2-9-3

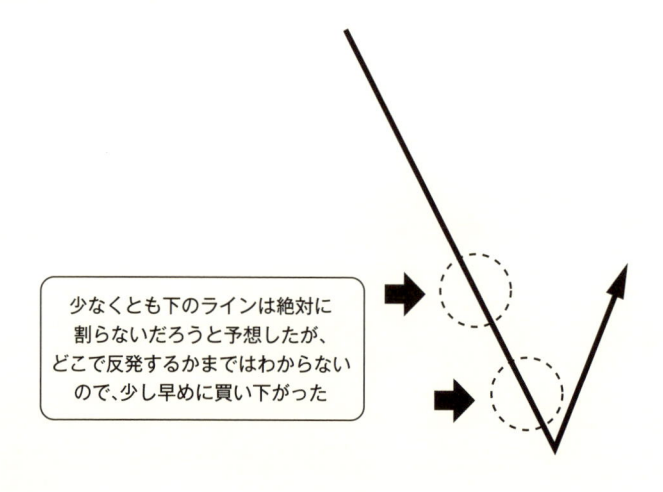

少なくとも下のラインは絶対に割らないだろうと予想したが、どこで反発するかまではわからないので、少し早めに買い下がった

せんからね。「急落を逆張りで入ると、勝てることもあれば、負けることもある」。そんな内容のない結論を得るために、取引をしたわけでないはずですしね。

　そういうことをきっちり考えながらやっていれば、「なぜだかよくわからないけど、みんな駄目って言っているし、確かにナンピンすると大負けすることも多いから、とりあえずナンピンはやめておこう」などと、よく考えもせず、良いものも悪いものもまとめて捨ててしまうこともなくなるはずです。

今回の話のまとめ

みんながそう言っているからそうなんだ、では駄目。セオリーと言われていることでも「なぜ、そう言われているのか」を考え、自分で判断すること。

10　1万円の価値は、いつも同じである

　勝っていると気が大きくなって大きめの勝負をしてしまう人。負けていると熱くなってついロットが大きくなってしまう人。
　いろいろな方がいますが、皆さんもチャンスだからという理由ではなくて、勝っているから、負けているからという理由でロットをいつもよりも大きくしたりした経験はありませんか？　ほかにも「普段だったらこういうトレードはやらないけど、今日は勝っているからいいか。含み益があるからいいや」のように、取引自体が今の収支に左右されていませんか？
　特によく見るのが、大負けした途端にロットが大きくなる人です。単純に熱くなって、一気に取り返したいと思う気持ちが大きいのでしょう。もちろん、それもよくないですが、もっとひどいのが５０万円負けた後に、１万円程度手堅く取れるような、いつもなら確実に入るような場面を「今さら１万円取っても意味がない」と放棄してしまう行為です。これは、わたしのまわりでもしばしば見かけます。
　逆に、今日は５０万円勝っているから、別に１万円くらいどうでもいいやと、いつもだったら丁寧に指値を入れるのに、気が大きくなって適当に成り行きで売買してしまう行為もよく見かけます。
　いつもなら１万円を丁寧に取りにいっているのに、大勝ちや大負けした日に限っては「１万円はどうでもいい数字」になってしまうのです。

　これは明らかにおかしいですよね？　確かに−５０万円と−４９万円、＋５０万円と＋５１万円ではどちらも大負け、大勝ちで、ほとんど印象は変わりません。だからといって、１万円の価値が変わるとで

もいうのでしょうか？

　１万円で買えるものは、あなたが大勝ちしていようが、大負けしていようが、大金持ちだろうが、貧乏だろうが決して変わりません。確かに、資産が１００万円のときと、１億円のときでは１万円の重みは違うかもしれません。そうはいっても、やっぱり１万円の価値は変わりませんし、１日や２日大勝ちしたからといって、お金の重みが変わってしまうほど資産が変動するとは思いません。資産１億円が１日で１００万円に減ってしまうことはありえなくもないですが、その場合はなおさら１万円は大切にしなければいけませんしね。

　そういう意味では、「今日大勝ちしたから、パーッと使って贅沢しよう」とか、「今日は大負けしたから、節約のために予定をキャンセルしよう」というのも、個人的にはあまり賛成できません。少なくとも、私はパチプロ時代から、こういうことをした記憶はほとんどありませんね。毎日、自分なりに最良の選択をしつづけ、長い目で見て結果を出すことを目標としているのですから、１日ごとの結果で一喜一憂すべきではないですし、何度もお話ししているように、大事なのは結果云々ではなくて内容ですからね。仮に大負けしようが、やるべきことをやったうえでの結果なら自分に罰を与える必要などまったくないと思います。

　付け加えるなら、「勝ったら散財」というのはお金が貯まらない人の典型的な行動ですので、毎週のようにそういう使い方をしているようなら、自重すべきだと思います（もちろん、たまのささやかなご褒美くらいならよいと思います）。仮に＋１００万円、±０円、－７０万円を１日ずつ周期的に繰り返したとします。トータル収支は３日で３０万ですが、＋１００万のたびに自分へのご褒美として１０万円分散財したとしたらどうでしょうか。毎日コツコツ１０万円稼いで、同じく３日で３０万円稼ぐ人と収支は同じですが、コツコツタイプの人の生活と比べて、収入は同じにもかかわらず、３日に一度のペース

で10万円も浪費するわけですから、散財タイプの人は3日で20万円しか手元に残らないことになります。

　2-2でも書きましたように、そのときの感情でトレード内容が変わるというのは、正直、かなりいただけません。どんな精神状態であれ、100回同じ場面に遭遇したら、100回同じことをできるような強い心と、筋の通ったトレードができるようにならないと、上位5％に残るのは難しいのではないでしょうか。感情でトレード内容が変わっているうちは、まだまだ自分のトレードもしっかり確立されていない証拠ですしね。裏を返せば、それがきちんとできているなら、結果に対していちいち一喜一憂することも減ると思います。

> 今日は50万円勝ったから、1万円くらいどうってことないよ

> でも、明日はその1万円を慎重に獲りにいくんでしょ

今回の話のまとめ

今日勝ったから、負けたからでその日の行動が変わってはいけない。どのような状態でも、行動がブレないようにすること。

11　得意パターンを作り出す

　ある程度経験を積んだ方だと、勝ち組だとか負け組だとかにかかわらず、精度の差こそあれ、「こうなったらかなり熱い」と思っている得意パターンがひとつか2つくらいはあると思います。得意パターン以外には手を出さないという人もいれば、「いろいろやってはいるけれど、ここぞという得意パターンのときは大きくロットを入れるよ」という人もいるでしょう。
　いずれにせよ、その人の収支に大きく影響があるのは間違いなく、その得意パターンをどれだけモノにできるかで収支が大きく変わってきます。
　しかし、大事な大事な得意パターンだからといって、もしかしてそれが来るのを指を咥えてじっと待っていたりしませんか？

　スタイルや資産、銘柄にもよるので、必ずそうできるとは限らない、むしろできることのほうが少ないかもしれませんが、「こうなったらほぼ勝てる」という形が自分の中であるのなら、「そうなるのをひたすら待つ」だけではなくて、「その形を自分で作り出す」ということを考えてみたことがありますか？
　「ここをブレイクしたら伸びる」と思うならば、自分でブレイクさせる。「ここで新値を付けたらそのまま伸びる」と思うならば、自分で新値をつける。「このブレイクを売りで抑えつけられたら、そのブレイクはフェイクで失速する」と思うならば、空売りで仕掛ける。
　このようなブレイクや売り浴びせなどは、ある程度の資金が必要にはなりますが、新値をつけるだけならタイミングによっては1単位でいいわけですから可能な話です。そして、ある程度、こういうことが

考えられるようになると、自分の資産が増えて、自分の売買がある程度影響を与えるようなロットになったときに、自分で相場を動かすことを、比較的容易に意識できるようになると思います。

さらには、「相場を動かそう」という意識を持っていると、「今、目の前で起こっていること」だけを見るのでなく、常に「数手先を読もう」という意識が働くようになります。これは、トレードの質を上げることにもなります。今のレベルを抜け出してさらに上のレベルに進むためにも、こういったことを意識しながら見てみてください。

あとひとり買ってくれれば得意の形になるのになぁ

だったら、君がそのひとりになればいいんじゃないの

今回の話のまとめ

自分も相場を作っているひとりであることを自覚すること、状況によっては、資産の大小にかかわらず、少なからず相場に影響を与えられることがある。

12　取得単価を気にしない

「含み益のうちは粘ってみるかな」
「そこそこ含み益があったのに、下がってきたから結局、チャラで降りた」

　こういう「含み益だから」という言葉を非常によく聞きます。あなたもこの言葉を使ったりしていませんか？

　確かに、含み益の状態でいるときは、含み損のときと比べ気持ちが楽なのはよくわかりますし、含み益ということはそれなりに読みが当たっているということでもあるので、利を伸ばすのは基本的には良いことではあります。
　しかし、あまりにも「含み益か否か」にこだわりすぎている人が多いように思います。含み益のうちは持っていてもいいけど、それがなくなった瞬間、慌ててカットしなければいけないと思っている人が、非常に多いのではないでしょうか？
　それは1勝負ごとの勝ちか負けかにこだわっている証拠です。66ページ（2-2）でも少し書きましたように、大抵の人にとって、勝ちと負けの間には途方もない差があります。＋10万円と＋5万円の違いよりも、＋1万円と－1万円の違いのほうがよっぽど気になるのです。数学的には確かにプラスとマイナスでは持つ意味が大きく違いますが、毎日トレードを続けていくうえでは、これもまた余計な感情と言わざるを得ません。

　もし、あなたが買いポジをとった根拠が、「この価格（抵抗線）は

割らないだろう」という類のものならば、含み益が乗っているうちは、予想が当たっているということですから、含み益のうちはポジションを持ち続け、それがマイナスになったところでカットというのは、一貫性があって正しい取引だと思います。

　私の話をすると、普段、同値や１ティックカットが非常に多いのですが、それはピンポイントにそこで上昇することを狙ったトレードが多いからであって、その予想が外れた瞬間に降りているからです。プラスかマイナスかは関係ありません。「予想が当たったのか否か」です。

　上で書いたように、含み益と予想が当たっていることとが同値であるトレードに関してはまったく問題ないのですが、例えば「今日は金融セクターが強いから、銀行株を買ってみよう」とか、「今日動意づいた仕手株がものすごく注目を浴びているから、試しに入ってみよう」とか、「ここ１週間くらい弱かった銘柄が、今日はようやくプラスで推移しているから、リバウンド期待で買ってみよう」といった、ピンポイントで買ったというよりは、株価の向いている方向（トレンド）を意識して買ったトレードにも、含み益か否かというのが判断材料になってしまっている人が非常に多いです。

　例えば、上昇トレンドに乗ろうとして、ある銘柄を３２２円で買おうとしました。ところが、注文が空ぶってしまい３２４円で買うはめになってしまいました。最初は調子よく上がり続け、３３０円まで行ったのですが、その後は失速し、買値に戻ってきたので、結局、同値で降りました。

　この文章、よく見る類の、何の変哲もないトレード日記ですが、致命的におかしい点があります。それがどこかわかりますか？　非常に大切なことなので、よく考えてみてください。

そうです。最後の「買値に戻ってきたので、結局、同値で降りました」というところです。今回は３２２円で買いたかったのに、結局、３２４円で買わされてしまった。だから降りるのも３２４円です。だって損したくないから。きっと予定どおり３２２円で買えていれば、３２２円が降りるラインに設定されるのでしょうね。これって明らかにおかしいですよね？

　大事なのは株価の動きであって、あなたが買った値段ではないのです。今よりも下がると判断したのなら降りるべきですし、ここから再び上昇すると思うなら持っているべきです。あなたがいくらで買ったかなど、株価の動きには関係ないです。市場は、あなたが買った値段など気にしません。

◆図２－１２－１

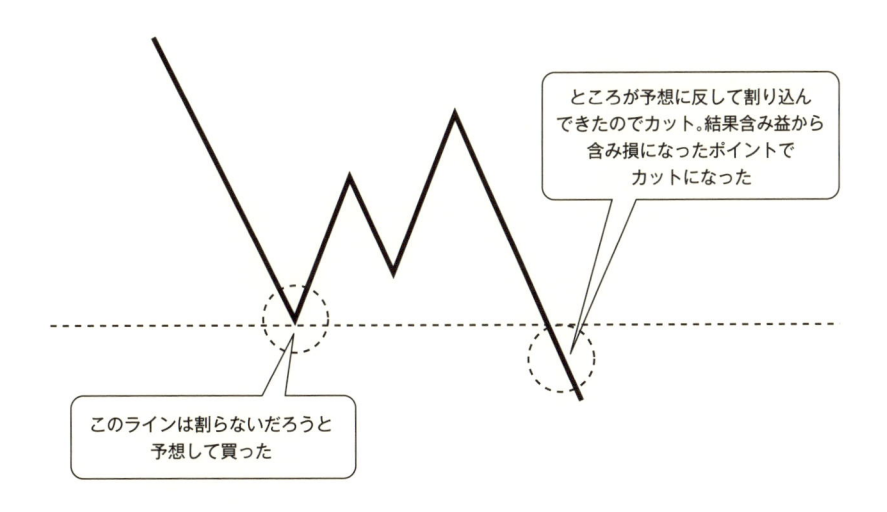

（図：株価の推移を示すジグザグのグラフ。最初の谷に「このラインは割らないだろうと予想して買った」という吹き出し。最後の下落点に「ところが予想に反して割り込んできたのでカット。結果含み益から含み損になったポイントでカットになった」という吹き出し。）

◆図2−12−2

買値に戻ってきたので、
含み損になる前に同値で降りた

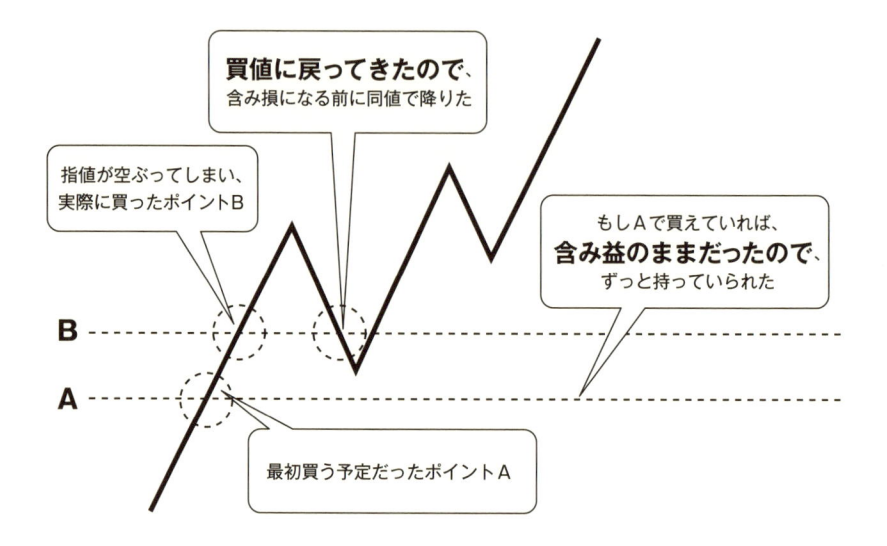

指値が空ぶってしまい、
実際に買ったポイントB

もしAで買えていれば、
含み益のままだったので、
ずっと持っていられた

B

A

最初買う予定だったポイントA

　図2−12−1と図2−12−2はそれぞれ、先ほどお話しした、含み損益ライン（買値）がカットラインになって良い例と、含み損益ライン（買値）がカットラインになってしまっては駄目な例をチャートを使って表したものです。

　図2−12−1では含み損になることと、売買根拠が崩れることが同値なので、含み損になった瞬間にカットというのは、まったく問題がないですが、図2−12−2では、カットラインが売買根拠とは関係ない、自分の買値に設定されているという点で大いに問題ありなのです。Bというポイントに明確な根拠があればよいのですが、もともとはAで買う予定だったものを、空ぶったから指値を変更したというだけのものですし、それほど意味のある数字ではないはずです。にもかかわらず、降りるときにはBの価格が非常に重要視されてしまっているのです。Aで買えたら、Aを基準とするくせに、です。百歩譲って、

Aで買おうがBで買おうが、最初に買う予定だったAを基準にカットラインを考えるのなら、まだわからなくもないですが、含み損益を気にして売買する人がそういう基準で判断できるとは思えません。

この本でしつこいくらいに何度もお話ししていますように、「売買根拠をはっきりさせ、取引に一貫性を持たせること」は非常に大切です。「なぜそこで買ったのか？ じゃあ、どこで降りるべきか？」を明確にし、トレードの目的をはっきりさせてください。そして、そこに含み益かどうかというのは本当に関係があるのか、しっかりと意識するようにしてください。

今回の話のまとめ

いくらで買ったのか、今プラスかマイナスかなどについては、あなた以外の人はまったく興味がない。あなただけがこだわっているのだと自覚すること。

13　変化に対応する力を身につける

　ずっと長くトレーダーを続けていくうえで最も大切なことは何でしょう？　決断力や精神力、発想力、いろいろ考えられると思いますが、「長く生き残る」という意味では、私は柔軟性、すなわち変化に対応する力だと思っています。

　このような分野ですと、あれこれ少しずつ手を出すよりも、自分の得意な手法を徹底的に磨いて、それを伸ばすことに特化するのが一番だとは思います。中途半端な武器で通用する世界でもないですしね。
　ただ、そのことと、自分の得意な手法にすがりつくのとはまったく意味が違います。2-6でも少しお話ししたとおり、常に人対人でやり合っている以上は、流行り廃りはあります。手法もどんどん研究されます。参加者の人数やトレード環境の変化、地合い、税金や手数料の変化など、さまざまな要因が絡む以上、ずっと同じことだけをやり続け、勝てるほうがまれだと思います。
　しかし、今までそれ一本でやってきて、かつそれなりの結果を残してきた方にとっては、今まで頼りにしてきた手法が使えなくなってきたと認めるのは、とても勇気がいることです。でも、それを認めないことには決して先へは進めません。「この人が負けて退場するなんて想像がつかない」と思われていたような勢いのあるトレーダーが、過去に何人も、変化に対応できず退場しています。「絶対などということはない」と書きましたが、何年もそれに近い勝率で利益を上げてきた手法ですら、明日突然、通用しなくなる可能性もあるのです。
　何もいきなりメインの手法をまるっきり捨ててしまえというわけではありません。日々変化する相場に対応すべく、これで完成だなどと

は思わず、あなたの手法にも、日々進化や修正が必要なのだということを忘れないでください。「今日まで通用した」ということは、必ずしも「明日からも通用する」と同じ意味にはならないことを、常に意識しておいてください。

　私自身、ずっと板読みをメインにやってきていますが、あくまで判断材料が板読みというだけで、手法そのものは、やり始めた当初から大きく変わってきています。それはより良いほうへ修正したものもあれば、変化に対応すべく、乗り換えざるを得なかったものまで、理由はさまざまです。
　しかし、共通して言えることは、そのときの相場に最も合うように、常に反省と学習を繰り返しながら修正し続けているということです。駄目になってからはじめて慌てて乗り換えるのでは遅すぎます。常にもっと良い方法はないか模索し続けることで、自然と変化に対応していけると思います。
　私にも、変化せざるを得なかった経験があります。手法のメインの一角であり、収支の２～３割を占めていた手法があるときを境に徐々に通用しなくなったのです。最終的には４年ほどお世話になった手法を「もう過去のもの」として認めることにしました。もちろん、最後の１年くらいは、徐々にその比率を下げていましたし、今後もまったくやらないというわけではありません。条件がそろえばやろうとは思うのですが、収支を伸ばす手段として当てにしないというものになりました。位置づけを"メイン"から「たまに使えて、お小遣い稼ぎになればいいな」という程度に変えたということです。
　それ以外にも、大きくは取れないけど、リスクが小さく、堅く収支に上乗せできるような小技をいくつか持っていたのですが、２０１０年のアローヘッドの導入とともに、ほとんどが使えなくなってしまいました。これも正直、大きな痛手です。

もちろん、アローヘッドになったとはいっても、デメリットばかりではありません。個人的には逆張りスキャルピングもやりにくくなり、デメリットのほうが大きいですが、メリットもいくつかありました。特に、板読みトレーダーとして、「約定がまとまらず、すべて個別に表示される」という、とてつもなく大きなメリットも生まれたので、これを生かすべく、手法をシフトしていくつもりです。

　ほとんど使えなくなった手法にもかかわらず、「昔はこれでいっぱい稼いだんだ」とこだわり続けて無駄な時間を費やすよりは、素直に自分の武器が時代遅れになったことを認め、新しい武器を探すことに専念したほうが、よほど生産的ではないでしょうか？

　持てる物の数は限られています。何か新しい物を持とうとしたときに、代わりに何かを捨てなければいけないときもあるでしょう。その

ときに、自分の最も頼りにしていた武器を、ときには捨てなければいけないかもしれません。

そうなんです。時には捨てる勇気も、必要なのです。私も、今までずっとほぼ板読み1本でやってきましたが、そのときがやってきたら、ためらわず捨てるつもりです。そうしないと、次に進めないですからね。もちろん一番良いのは、板読みは板読みでやりつつ、徐々に比率を下げ、ほかの手法と融合させることですが、それを選ぶのは自分ではなく、相場なのですから、相場がそれを捨てろというならば、それに従うのが生き残る道だと思うのです。

とても大事なことなので繰り返します。皆さんも変化に対応する力と捨てる勇気を持つようにしてください。それが、長く相場で戦っていくために必要な力なのですから。

今回の話のまとめ

今までこれでやってこれたからといって、今後もそれが通用する保証はどこにもない。ときには捨てる勇気も必要。

第3章

あなたのゴールはどこですか？

　この章では、デイトレードを続けていくうえで大切な「ゴールをどこに設定するか」についてお話しします。皆さんにも何とはなしの目標はあるでしょうが、はっきりとゴールを設定している人は意外と少ないように思います。

　ゴールをどこに置くかによって、やるべきこと、必要なことも変わってきます。それだけならまだいいですが、投資の世界においては、取るべきリスクの大きさも変わってきます。もう一度、はっきりと自分のゴールを認識しなおし、そのゴールに向かうために何をすべきか、自分が取っているリスクの大きさは、それに見合っているかを確認しましょう。

1 取るべきリスクの大きさは適切か？（破産リスク）

誰だって、より多く稼げるならそれに越したことはないですよね？

仮にあなたが十分な実力の持ち主で、基本的には毎月コンスタントに収益を上げることができていて、やればやるほどお金が増えているとします（本当は、相場を取り巻く環境は常に変動し、トレードは期待値を正確に算出することが不可能なのでこういう前提は成り立たないのですが、あくまで仮の話としてお考えください）。

取引自体の期待値がプラスなのだから、掛け金（ロット）を上げれば上げるほど、期待値は上がります。ということは、「毎回全力で資金を入れるのが最も期待値が大きくなるので、それが正解！」といえるでしょうか？　答えは「NO」です。

まずは、単純に自分の玉が与える影響力の変化を考えてみましょう。それぞれの価格帯ごとの板が２万株程度で、１日の出来高が１００万株程度の銘柄があったとします。この銘柄なら５０００株程度の注文なら、指値を入れてもさほどインパクトはないでしょうし、指して待っていても約定機会は大いにあるでしょう。

しかし、これが１０万株だとしたらどうでしょう？　いきなり１０万株もの注文を入れたらかなりのインパクトを与えてしまうでしょうし、５０００〜１万株程度に小分けに注文しても、１０万株もの株を短時間で値段を崩さずに手に入れる（さばく）のはなかなか大変です。もちろん、ロットを大きく入れることで、有利に動く場合もありますが、それは後で述べるとして、単純にロットが１０倍になったからといって期待値が１０倍になるわけではありません。基本的にはロットが大きくなるにつれ利益率は落ちるといえます。

もちろん、利益率が落ちる程度のことであればさほど問題はないのですが、最も重要なのは破産リスクの増加です。やはり取引ごとの期待値がプラスとしたうえで例を挙げてみましょう（説明のために簡略化したものなので、実際はこのようなことは起こり得ませんが）。

　あなたは今、１０００万円の資金を持っていて、あなたにとって非常に有利な勝負をさせてもらえることになりました。それはジャンケンで勝負をし、お金を賭けるだけの単純なものです。金額が以下のように、あなたに有利なものとなっています。

①あなたが勝てば１万円もらえる。負ければ８０００円支払う。
②あなたが勝てば１０万円もらえる。負ければ８万円支払う。
③あなたが勝てば１００万円もらえる。負ければ８０万円支払う。
④あなたが勝てば３００万円もらえる。負ければ２４０万円支払う。
　※資産が増えれば、同じ比率で掛け金はどんどん増やしてもよい

　ジャンケンにはイカサマ要素はなく常に勝率５０％とし、勝負は１日１０回までですが、毎日付き合ってくれるものとします。相手はとんでもないお金持ちなので、相手の資金が尽きることはありませんが、何年かたてば、相手もこの道楽に飽きるかもしれませんし、相手はそれなりに高齢の方なので、この先何十年もできないかもしれません。あなたはこのゲームの掛け金を①〜④のどれに設定しますか？
　株に置き換えて想像しやすいように条件設定を細かくしすぎた感があるので、ややこしいと思った方は、とりあえず勝率５０％、１日１０回までだけ覚えておいてください。
　単純に考えれば、あなたに分の良い勝負なのですから、掛け金は多ければ多いほどいいように思いますよね。では、それぞれの選択肢ごとに見ていきましょう。

まず①ですが、２回勝負すれば１勝１敗で、勝ちと負けの差額が２０００円ですから、勝負１回あたりの期待値は１０００円。つまり①を選択した場合は、１日１万円ずつ儲かることになります。これは１０００万円も資金を持っている人にしては弱気すぎますよね。生活費で儲けはほとんど消えてしまうので、これだけ有利な条件を出してもらっているのに、資金はほとんど増えていかないでしょう。

となると、単純に「④」でしょうか？　１回あたりの期待値が３０万円と最も高く、ここからスタートして掛け金もどんどん上げていけば、あっという間に億万長者になれそうです。ただし、一度も４連敗しなければの話ですが……。

１回あたりの期待値３０万円の勝負。これだけ見れば資金１０００万円の人から見れば大した勝負ではないように見えますが、勝率５割だと、実はたった４連敗しただけで破産するリスクを負っているのです。逆に言うと、勝率５割、損益比（利益÷損失）が１.２５程度だと、たった４連敗で破産するほどのリスクを取っても期待収支はたかだか資産の３％に過ぎないということになります。せっかく有利な勝負をずっと続けられるというのに、リスクを取りすぎたがために、途中で破産してしまったのではあまりにもったいないですよね。

このジャンケンのほかにも、世間ではギャンブルと認識されているが、実際はギャンブルと呼ぶべきでないものが多々あります。このジャンケンも常に期待値はプラスですし、パチンコやスロットなども正確な期待値計算ができ、トータル期待値をプラスに持って行けるので、きちんと立ち回ればやればやるほどお金が増えていきます。こういったものを、私はギャンブルとは呼びません（１回ごとの勝負にギャンブル的要素を含むのは認めますが）。ただし、それは掛け金が適正な場合です。上の例ですと、④の場合はそれなりに破産リスクはちらつくものの、１〜２回程度なら十分試す価値があると思いますが、スタート時の資金

１０００万円で、勝てば１２５０万円もらえる。負けたら１０００万円すべて失う勝負だったらどうでしょう？　さらには勝てば３０００万円もらえる。負ければ２４００万円失って借金を背負うことになる勝負だったら？　ここまでくると、いくら分が良くて期待値が大幅プラスでも、もはや人生を賭けたギャンブルとなってしまいますよね。

　となると、破産リスクを重視して考えた場合、まずは③あたりを続け、資産の増減に応じて、②〜④と掛け金を変化させていくのが正解といえるでしょう。

　株の世界は、資産域や銘柄選択にもよりますが、自分さえその気になればいくらでも掛け金（＝ロット）を上げることができます。しかし、どんなに分のよい勝負でも、過度のリスクはたった一度の過ちですべてを失うことが十二分にあり得ます。特に株の場合は、材料や仕手化などで、突如として恐ろしくボラティリティが大きくなることがあります。今取っているリスクは、どの程度のことまでなら耐えられるのか、果たしてそこまでのリスクを取る必要があるのか、今一度、確認してください。ロットの大きさは、勝ったときいくら儲かるかではなく、負けたときにどこまでなら耐えられるのかで決めるべきだと思います。

今回の話のまとめ

どんなに良い状況に恵まれても、破産してゲームオーバーになってしまっては意味がない。やみくもにリスクを取ればいいというわけではない。

2 取るべきリスクの大きさは適切か？
（生活としての基盤と人生プラン）

　引き続き１２３ページのジャンケンの例を元に、話を進めていきます。次に考えることは、資金の性質と、生活基盤をどこに置いているかです。最初の軍資金１０００万円が仕事をしながら貯めた余裕資金で、ほかに収入源もあり、できればこれ１本でいきたいけど、最悪、なくなってもまた時間をかけて貯めていけばいいやという性質のものなのか？　それとも、ほかに収入源がなくこれが全財産で、これを元手にずっとこの生活（ここではジャンケンですが、トレードでの生活と置き換えてお考えください）を続けていきたいのかによって、取るべきリスクの大きさも変わってきます。

　前者は精神的に見ても比較的ゆとりがありますし、最悪、資金をすべて失っても、即人生の破滅というわけでもないので、多少のリスクは取ってもよさそうに思えます。
　逆に、後者の場合は、まずはこの生活を守ることが先決になります。生活資金でもあり、勝負をするための軍資金でもあるお金を大きく減らさないことが一番大事なことですので、あまり大きなリスクが取れないのも仕方のないことだと思います。

　資金の性質だけでなく、自身の年齢も大きく関係してくると思います。しばらく専業をやっていて、仮に破産したとしても、２０代と、３０代以降では再就職のしやすさがまったく違います。ましてや、家庭を持っている人の場合、家族の生活を守ることが最優先事項になると思うので、極力リスクは抑えるべきですしね。

もうひとつ考えるべきことがあります。それは、自分の人生プランをどう考えているかです。先に挙げた例のように、ずっとこの生活を続けていきたいというだけならば、先ほどのように考えればよいのですが、自分のお店や会社を持ちたいなどの夢があるので、適切なタイミングを逃さないためにもあまり時間をかけるわけにはいかない。つまり、期限内に目標金額に達しなければ意味がないという場合であれば、破産覚悟で大きく張るという人もいるでしょう。

　もちろん、この人の人生設計プラン上は、それで正解です。自分が何に重きを置いているのか、絶対にここだけは守らなければならないというラインがあるのかなどを意識し、もう一度、自分のリスク管理が適切かどうか見直してみてください。

今回の話のまとめ

自分の資産の性質を理解しておくこと。自分が描いている将来像と照らし合わせ、取るべきリスクの大きさを考えること。

3 取るべきリスクの大きさは適切か？
（成長機会）

　もうひとつ、リスクバランスを考えなければいけない理由に、成長機会の損失が挙げられます。先ほど挙げたジャンケンの例では、勝率はこの先もずっと固定ですが、株の場合は経験を積むごとに、基本的には勝率が上がっていくことを忘れてはいけません。昨日より今日、今日より明日のほうが確実に実力がついていくわけですから、その成長途中で退場してしまうことは、できるかぎり避けるべきだと思います。

　もちろん専業としてやっていきたいのか、ほかの仕事をしながらのお小遣い稼ぎ目的なのかにもよりますが、いずれにせよ、勝負を焦って大事な資金を溶かしてしまい、成長半ばに退場してしまうのは非常にもったいないですよね。
　ところが、このことをきちんと意識できている人は意外と少ないようです。多くの人が結果を急いで序盤に無理な勝負をしてしまい、自分に適性があったのかどうかもわからないまま市場から退場させられています。人生プラン上、時間的な制約があるのなら仕方がないですが、本来ならば、今日１万円勝つために勝負に出るよりも、明日２万円勝つ力をつけることのほうがよほど重要なのです。

　私が株を始めたのは２００４年の１２月からで、当時は新興株もＩＰＯ株も賑わっていて、「全力投球」や「２階建て」などという言葉が流行っていました。お祭り銘柄も多かったので、とにかくリスクを取った者勝ちみたいなムードがありました。

「目をつぶって横文字の社名のＩＰＯを全力で買って、あとは１カ月くらい寝てればいい」

　こういう冗談とも本気ともつかないような話もよく聞きました。確かに、今思えばとんでもなく良い地合いでしたし、実際に当時も「こんなことがずっと続くはずないだろうし、今お祭りムードなのは間違いないのだから、ここは黙って乗っておくべきか？」とも考えました。事実、全力投球型のトレーダーは、みんなすごい勢いで資産を増やし、億乗せなんて当たり前といった感じでした。そして、みんな浮かれまくっていたように思います。
　２００５年の暮れに初めて株のオフ会に参加したときも、成績を聞かれ、３００万円スタートで、今プラス２０００万円くらいと答えたら、「じゃぁ、来年は億は余裕だね」のようなことを、当然のように言われましたしね。

　ただ、そうやってみんなが浮かれる中、取りすぎたリスクのせいで、一度のミスで退場してしまう人もポツポツといました。私自身は「８０年代のバブルが崩壊したように、こんなお祭り騒ぎがずっと続くわけはないだろう」と思っていたので（もちろんその後、ここまで新興やＩＰＯの地合いが悪化するなどとは、まったく予想だにしていませんでしたが）、まわりがどんどん急激に資産を伸ばす中、少しも焦りがなかったと言えば嘘になりますが、その期間もとにかく実力をつけることに重きを置くように心がけていました。もちろん、その時点でのプラス２０００万円が、明らかに相場のおかげだけで勝ったといえる性質のものなら、相場が良いときに一気に勝って、勝ち逃げを狼うのも選択肢としては大いにあると思いました。でも、私は違ったんですね。自分なりに板読みという手法を見つけ、株の世界でずっとやっていこうと決め、そしてその感触を掴みつつあるときでしたから、「浮

かれて多大なリスクをとったせいで、夢半ばで退場せざるを得なくなるのだけは絶対に避けなければいけない」と思っていたので、ひたすら勉強中という意識を強く持ち続けるようにしたのです。

　その甲斐あってか、その後のライブドアショック以降の冷え切った相場で、祭りが終わった後も蜜の味が忘れられず、過度のリスクを取りながら昔のバブル時期と同じように売買し、当時勢いのよかった人が次々と退場していく中、何とか今まで淘汰されずにやってこれたのだと思っています。当時、もし当時全力投球していたら、今の資産は1年程度で稼げたかもしれませんし、そこで勝ち逃げしていたら、3〜4年前に今と同じくらいの資産をもって、今はほかのことをやっていたかもしれません。目的が「とっととまとまったお金を稼いで引退し、そのお金をほかのことに使う」というものならばそれもいいでしょうが、先ほどもお話ししたように、私の場合はずっとトレーダーを続けること、そしてそのための実力をつけるのが一番の目標だったので、半分まぐれのような勝ち方で早々にお金を稼ぐよりは、多少歩みが遅くても、実力をつけながら確実に数字を伸ばすほうが大切だったのです。

　もし、あなたも専業を目指していて、それなりに時間に余裕があるのなら、すぐに稼ごうなどとは考えず、じっくりと実力をつけることを当面の目標にしていただきたいと思います。今何億円、何十億円と稼いでいる大物トレーダーたちですら、多くの方は最初は伸び悩んでいて、何度も反省と葛藤を繰り返したり、一時退場したりもしているのですから、自分だけが最初からいきなり勝てるとは思わないほうがいいでしょう。

　まずはリスク管理を徹底して、途中で退場せざるを得ない状況だけは避けたいですね。私の場合は、たまたま割と早い段階でメインとなる手法が見つかりましたが、その手法が見つかった後でも、「1年か

けてトータル収支がチャラでも、その後、期待値をプラスにできるだけの実力をつけることができれば十分だ」と思いながら、慎重に経験を積んでいきました。

　もちろん、人によってゴールも違えば勉強のためにかけられる時間や資金のゆとりも違います。しかし、ゆとりがないからと焦って勉強にかける時間を短く設定してはいけません。無駄にリスクが高まるばかりか、短期間で無理な目標を掲げても、焦りや劣等感を生むばかりです。さらには、結果を急ぐあまり退場リスクが高まるなど、悪循環に陥るばかりです。ただでさえ狭き門なうえ、自分にまだ適性があるかないかもわからないのですから、焦らずに可能な限り勉強のための時間を多く設定しておいたほうがよいと思います。

今回の話のまとめ

功を焦って破産してはすべてが台無しである。成長半ばで退場せざるを得ないようなことは、極力避けること。

4　将来のトレードスタイルに向けて

　１２８ページ（3-3）では、目標を決めることについてお話ししました。目標を設定することが大切なもうひとつの理由として、「自分が設定したゴールによって、適した取引スタイルがあるので、その取引スタイルによっては、やる銘柄やスタイルそのものを修正していかなければならない」ということが挙げられます。

　資産域によって、板や出来高的に大きな資金を入れても問題ない銘柄、逆に板や出来高が細くてあまりロットを入れられない銘柄、ボラティリティの大きな銘柄、小さい銘柄など、いろいろあります。そして、それぞれの銘柄によって適した取引スタイルが存在するので、単純に「銘柄だけ変えてやり方はそのまま」というわけにはいきません。かといって、「あるスタイルで結果を残してこれた」から別のスタイルでも通用するようになるとは限りませんし、仮に別のスタイルがいずれマスターできるものだとしても、普通はモノにできるまでに非常に時間がかかります。同じスポーツとは言っても、ゴルフでプロになれたからといって、簡単にテニスもプロ級にはなれないのと同じです。しかも、今まで使ってきたスタイルを捨てるのはすごく勇気がいりますしね。結果を残してきたならなおさらです。

　しかし、上を目指すなら、どこかでスタイルを変えなければならないのもまた事実です。一体どのタイミングで、どのように変えていくのが一番なのでしょうか？

　まずは入れられる資金の大きさから銘柄を分類してみると、次のように分けられると思います。

①板、出来高ともに十分で、比較的ボラティリティの小さい大型銘柄
②材料、テーマなどで一時的な盛り上がりを見せ、板も厚いが、一時的にボラティリティが大きくなっている銘柄
③低位株、仕手株など、一時的に盛り上がって出来高とボラティリティが大きくなっている銘柄
④新興市場など、個人投資家に人気の銘柄
⑤板も出来高も細く、その分値動きが軽い銘柄

　細かく分類していくとキリがないですが、すごく大ざっぱに分けるとこういう感じでしょうか。そして基本的には、下に行くほど、一度に大きな資金を入れることが難しくなってきます。
　そして取引のスタイルを、時間軸などでなく、ワンショットの金額、ボラティリティ、リスクの面から分類して考えると、次のようになると思います。

A：全力分のポジションを一気に取るやり方
基本的には1銘柄全力勝負。板的に多少無理があっても、自信があるときは買えるだけ買う。買いも売りも、ほぼ1回の注文で一気に売買する。
B：徐々にポジションを形成してくやり方
ロットはほぼ全力に近いが、マメに玉を入れ替えたりするので、一度に売買するロットは比較的小さめで、細かくポジションの価格、大きさを調整する。
C：銘柄によって入れる資金をコントロールするやり方
ロットは板によって大きさを変える。どの銘柄でもせいぜい板1枚分なので、銘柄によって入れる金額が異なる。

　これもやはり、細かい分類をしだすと切りがないので大ざっぱに分

けました。
　要するに、全力か否か、時間をかけて小分けにポジションを作るのか、一気に作るのかといった分類です。これは下に行くほど、柔軟に金額を調整できるので、資金とやる銘柄がアンバランスでも対応できます。

　先ほどは大雑把に順番づけをしましたが、もう少し詳しく見ていきましょう。
　まず①は、銀行、金属、商社の２２５銘柄など、東証一部のなかでも売買代金が大きく、自分の売買が与える影響が最も少ない銘柄といえます。そういった意味では、資金の大小に関係なく、同じように売買できるのが一番の強みです。また、ボラも比較的小さい分、１銘柄に資金を集中しても、さほどリスクも大きくないでしょう。どちらかというとスイング〜中長期に好まれます。デイトレも大きくロットを入れて、数ティックを狙うやり方には適しています。

　②は、今注目を浴びていて出来高が大幅に増えているので、資金も入れやすく、かつボラティリティも大きいので、非常にデイトレ向きと言えます。売買チャンスも多いので、時間軸が長めの人から、スキャルピングの人まで問題なく入れます。このタイプも資金量に関係なく同じように売買できるので、積極的に売買をし、毎日余力を使い切るようなタイプの人は、ぜひこういう銘柄を扱えるようにしたいですよね。
　ただ、この手の銘柄の場合、当日デイトレのみでやる分には問題ありませんが、翌日になるとあっという間に出来高や板が細ったりすることも多々あるので、持ち越しをするときは注意が必要です。当日の感覚で、余裕でさばけると思って持ち越してみたら、翌日板がスカスカになっていて身動きが取れなくなったということも珍しくありません。

③は、②の特徴がより大きくなった感じです。いわゆる祭りが終わると、極端に出来高が減ったりもしますし、ボラティリティも非常に大きいので、当日資金を入れられるからと油断していると、思わぬ大ケガをすることがあります。しかも、②の場合と違って、その日に見ている板も見せ板である可能性が高く、ふるい落としのときや仕手筋が逃げた後などは、ものの５分程度で、さっきまでと同じ銘柄と思えないほど、板が細ったりもします。ボラティリティが大きい分、資金が大きくなってからも、１日で資産の数十％増加も十分狙えますが、それは同時に一発退場になりかねないほどのリスクを負うことになります。それなりの資金を一度に入れることもできますし、逆に少額でもボラティリティが大きい分、資金効率が非常に良い銘柄といえますが、強引な上げ下げやふるい落としも多く難しいので、好き嫌いが分かれるタイプの銘柄だと思います。

　④は、売買単位も小さく、個人投資家に人気の銘柄です。若い人になじみの銘柄も多かったりしますので、特にトレードを始めたばかりの初心者が、まずこういった銘柄から始めることが多いと思います。ただ、ライブドアショック以降はどの銘柄も出来高が極端に細ってしまい、価格が下がって単位当たりの金額が落ちたこともあって、資金を入れられる銘柄が非常に減ってしまいました。私がこの本を書いている２０１０年現在では、資産が１０００万円を超えてくると、ごく一部の銘柄を除き、資金効率的に非常に厳しくなると思います。

　⑤は、出来高が細い分だけ値動きが軽く、ストップ高安が連荘（れんちゃん）することも珍しくなく、ある意味、おもしろみのある銘柄ではあります。また、参加者が少ない分だけ動きも独特で、参加者もいつも同じようなメンツであることが多いでしょうから、もしかすると動きも読みやすいかもしれません。こういう銘柄を得意にしている

方もいると思います。

　次に、ポジションの取り方について、分析してみましょう。

　まずAの「全力分のポジションを一気に取るやり方」についてです。これは本人が意識している、意識していないは別として、さらに2つのスタイルに分かれます。それは、「市場にインパクトを与える買い（売り）方」と、「極力与えない買い（売り）方」です（※以降買い方で統一します）。

　「インパクトを与える買い方」とは、出来高や銘柄のボラティリティにもよりますが、板1枚〜数枚分の注文を一気に入れ、大口の買いをアピールし、いわゆる提灯を付けさせるやり方です。基本的には大口にはついていくものという考え方が一般的なので、どうせ同じ株数を買うなら、大口アピールをしたほうが、確かに提灯がつきやすく、すぐに含み益になることも多いので、非常にメリットが大きいと言えます。先ほどそのインパクトを与えるかどうかは、本人の意識の有無にかかわらずと書きましたが、資金量が変化してくると嫌でも意識せざるを得なくなるとは思います。そうなって不自由を感じてから初めて意識するよりは、少しずつ「どうしたいのか」を意識しておいたほうがよいと思います。
　反面、あくまで自分が動意づかせるきっかけを与えることが前提ですので、仕掛けるタイミングを見誤ると、ロットが大きいだけにどうしようもなく、逆に大きな玉を抱えて困っているなと見透かされると、より大口の投資家や、仕手筋にふるい落としにかけられることもあります。
　また、少しずつ様子を見ながら買う場合と違って、一気に買う分、集めている途中の段階で降りることができないので、失敗したときの

負け額も大きくなります。さらには、買うときにはインパクトを与える意味でもアップティックを取りに行ってまったく問題ないのですが、逆に、売り方が少々難しいやり方とも言えます。それだけの大きな玉をいきなりアップティックに置くと、一瞬、買い方も怯むでしょうし、なかなか簡単には売らせてもらえないでしょう。かといって、売るときもダウンティックにぶつけるとなると、買いと売りですでに1ティック分のロスがあるので、それだけ余分に鞘を取らないと、利益になりません。

また、板に対して自分の資産があまりに大きくなってしまうと、買うときには相当なインパクトを与えることができても、いざ売り抜けようというときには極端に難しくなり、上で書いたロス分もより大きくなることもあるので、自分である程度シナリオを立てていくくらいのことをしなければならなくなるでしょう。

逆に「極力インパクトを与えない買い方」は、市場にインパクトを与えないように何度かに分けて注文を出すため、指値を入れて待つことも可能で、うまくすれば一気に買うよりもいくらか安い単価で仕込むことが可能ですが、その分、提灯はあまり期待できません。売るときも先ほどの場合のように、必ずしもダウンティックにぶつけて売る必要がないため、売却単価を少し上げられる可能性がありますが、場合によっては逃げ遅れることもあるでしょう。

それぞれメリットとデメリットがあるわけですが、全力で入る以上、どちらのやり方を選ぶにせよ、資産の増加に応じて"やる銘柄"を変えていかなければなりません。

次にBの「徐々にポジションを形成してくやり方」についてお話しします。こちらはせっかく大きなポジションを形成したにもかかわ

ず、その存在をアピールしない分だけ提灯がつかず、ある意味、もったいない買い方ではあります。ただ、徐々に進める分だけもちろんメリットも多いです。例えば、ポジションを作る段階で状況が変わったら、予定の株数が集まる前に途中で降りることもできるので、軽傷で済む場合も多いですし、一時的に少しポジションを落とすこともできれば、逆に多めにすることもできたりなど、調整もしやすいと思います。

　Aのやり方はどちらかと言うとゼロか１００かという感じでしたが、こちらは同じ全力でも、柔軟なやり方といえ、うまくポジションを形成すれば、一気に売買するよりも多少大きめのロットを入れられたりもします。同じ全力でも、Aよりはやれる銘柄の幅も広がると思います。

　ただ、ポジション形成に時間がかかる分、どうしても出遅れることが多くなります。集めている途中で一気に上に行かれてしまったり、もたもたしていて逃げ遅れたりすることも多々あるでしょう。Aのやり方は、より大きなインパクトを与えるタイミングを計るのが難しい点でしたが、Bは極力自分が影響を与えずに本来の動きに任せる分、きっちりと動きを読みきらないといけない点において難しいといえます。ですから、どちらがやりやすいとは一概に言えません。だからこそ、自分の得意とするスタイルを見つけなければいけないわけです。

　もちろん、Bのやり方をやったところで、資産に対して大きな玉を抱えていることには変わりありません。どのような銘柄であれ、動き出したら一気に加速することは珍しくないので、大きなリスクを背負っていることだけは忘れてはいけません。

　最後にCの「銘柄によって入れる資金をコントロールするやり方」についてお話しします。先ほどまでは自分の資産に合わせて銘柄を選びましたが、こちらは銘柄に資金を合わせますので、どのような銘柄もやれるという点において非常に有利です。

反面、資金をフルに生かせないことも多く、資産の増加につれて、利益率が伸び悩みがちです。また、取引銘柄を選ばない分、取引チャンスも多いですが、小型銘柄で少額の取引をしている間に、より資金を入れられる銘柄のチャンスを見逃してしまったということにもなりかねないので、同時に複数銘柄を扱える器用さがないとなかなか厳しいかもしれません。

　こうして分類してみると、自分が得意としている銘柄や売買スタイルは、ある程度、自分の資産にも依存することがわかると思います。資産の増加につれて、徐々に売買代金の大きい銘柄にシフトしていけばよいと単純に思いがちですが、実際は、それぞれの銘柄によってメインの参加者が個人なのか、仕手筋なのか、ディーラーや外資、ファンドなのかは異なるので、同じような動きになることはないのです。
　ということは、今までは新興を中心に売買してきた人が、資産が増えて東証一部に銘柄をシフトしたからといって、今までと同じやり方で同じように勝てるとは限らない、ということにもなります。ある程度、スタイルを維持したまま銘柄を変えるだけなら微調整の範囲なので比較的修正はしやすいですが、例えば⑤のような特殊な銘柄でのみ通用するようなスタイルですと、資産が少ないうちは問題なくても、ある程度の資産になったときには完全に頭打ちになることをしっかりと意識しておかなければなりません。
　また、自分が目標とする将来像が何億円も動かすようなトレーダーであるなら、自ずとそのときにやっている銘柄やスタイルも限られてくることも頭に入れておいてください。何億円とはいかないまでも、今よりもかなりの高みを目指している人も同様に、資産に応じて徐々に選択肢は減っていくはずですので、頭打ちになってから慌ててスタイルを変更しようとして苦しむのか、それとも今、多少苦しくても、将来を見据えて早めにスタイル変更を意識し、徐々に大型株の動きに

慣れていこうとするのかを、自分で考えておく必要があると思います。当然ながら、本気でその将来像（億を稼ぐトレーダー像）を描いているなら、後者を選ぶべきでしょう。将来捨てなければいけないものなら、思い切って早めに捨てる勇気も必要です。

　もちろん、スタイルや銘柄を絶対にひとつに絞らなければいけないということもありませんし、目先の安定収入も重要です。理想としては、今のスタイルもやりつつ、徐々に将来を見据えたスタイルの取引も増やしていき、なるべく早めに、将来に向けたスタイルの取引のウエイトを増やしていくのがよいと思います。私も株を始めた当初から今までずっと、勝つための取引半分、勉強のための取引半分のつもりでやっています。

　繰り返しますが、今があっての将来ではありますが、今しか見えてない人に、都合よく理想的な将来がやってくるとは思えません。１００メートル先に立ててある旗を目指して歩くときに、その旗を見ながら歩く分には、誰だってまっすぐ歩けますが、下を向いて、自分の足元だけを見て歩くと、まっすぐ歩いているつもりでも、後から見たら非常に曲がりくねった足跡で、しかも１００メートル歩くころには、全然違う方向を向いていたりすることもあります。常に先を意識し、そのためにどうするのかを考えるようにしてください。

今回の話のまとめ

目先のことだけを見ているのでは駄目。最終的なゴールを思い描き、そのためには、今、どうするべきかを常に意識しておくこと。

5 資産管理

　多くの方が、資産＝財産と認識しているようですが、これは普通の生活をしている方の場合です。トレーダーにとっては、資産＝戦うための武器です。多ければ多いほど、投資機会も増え、同じ利益率でもより大きな利益を上げることができます。ある程度資産が増えてしまえば、生活費もあまり気にならなくなると思いますが、資産が少ないうちは、どうしても生活費がトレード資金をある程度圧迫してしまうことでしょう。仮に、資産が３００万円、生活費を月３０万円とすると、月に１０％の利益を出しても、生活費ですべて消えてしまい、いつまでたってもトレード資金が増えないですからね。私個人の場合ですと、大体資産が２０００万円を超えたあたりから、あまり生活費のことを気にしなくてすむようになりました。

　ですので、トレード資金にある程度のゆとりができるまでは、専業トレーダーは節約すべきだと思うのですが、とんとん拍子に進んでいる人ほど、まだ資金もあまり貯まっていないうちから「どうせすぐに稼げるし」と言って、どんどんお金を使ってしまう傾向がちらほら見られます。例えば、資産がとんとん拍子に増えて１０００万円になったからといって、家賃５０万円のタワーマンションに引っ越したり、３００万円の車を買ったりといった具合です。まだそれほどの自信がなくて、今後の不安がまだ抜けないというのなら、もちろん今大きなお金を使うべきではないですし、逆に、もし本当にこれからもその調子で勝ち続けられる自信があるというなら、なおさら今はお金を使うべきではないでしょう。なぜなら、そのお金は預貯金などではなく、投資のための大事な余力と考えるべきなのですから。

仮に、年利１００％で稼げる実力があるのなら、今の１万円は来年の２万円になるわけですから、今年３００万円の車を買うのを我慢すれば、来年６００万円の車が買える計算になります。家賃だってもっと上げられます。もちろん、その実力があるのなら、来年もまだ我慢したほうがいいとは思いますがね。とはいえ、これくらいの段階で浮かれて大金を使ってしまうようなタイプの人が大成するとはあまり思えませんが……。

　では、お金を使うのをいつまで我慢すべきなのでしょうか？　上の理屈だと、実力があるのならいつまでたってもお金を使えないということになってしまいますので、そこまでは言いません。まだ十分な資産と言えず、少し傾きだすとすぐに退場という言葉がちらついているうちはもちろんですが、とりあえずひとつの目安としては、余力を毎日使いきっているうちは、大きな買い物はなるべく控えるべきだと私は思います。使ったお金の分だけ、さらに余力を圧迫して投資機会が失われるわけですからね。
　私自身も、お世辞にも節約家とは言えず、むしろ金遣いの荒いほうですが、毎日余力を使いきって、現物枠も使っていたころは、さすがにお金はあまり使うべきではないと自分に言い聞かせていました。段々余力を余すことが増え、使ったお金が直接トレードに影響が出なくなってから、ようやく少しくらいは使ってもいいかなという気になりました。それでもさすがにまだ、車やマンションといった、大きな買い物をする気にはなれません。

　あとは、やはり自分の人生プランに合わせるというのもありますね。節約して節約して、一生懸命お金を貯めて仮に６０歳になって１０億円とか貯めても使い道が思いつかないので、だったらやりたいことがいろいろある若いうちに、ある程度使って楽しむというのも、ひとつ

の考え方だと思います。今使いたいから好きなように使うのではなく、自分の思い描いている将来像と相談しながら「貴重な武器を削ってまで使うべきなのか」と自分と相談しながら、よく考えてみてください。

> **今回の話のまとめ**
>
> **トレーダーにとって、資産はお小遣いではなく、戦うための武器である。浮かれて無駄遣いして、武器を減らさないこと。**

第4章

板読みデイトレードの基礎知識

　トレードをしたことのある方なら、「板」がどういうものかは理解していると思いますが、「板読み」となると、「どういうことをやっているのかピンとこない」と、専業でトレードをやっている方にもよく言われます。実際、圧倒的多数の方がチャート（テクニカル）、もしくはチャート＋ファンダを判断基準として売買しており、私のようにほぼ板だけで売買している人には会ったことがないですしね。

　そこで、この章では、本格的な板読みテクニックを話す前に、板読みトレードとはどういったものなのか、普段、あまり板の動きを気にしてない方にもわかるようにお話ししていきたいと思います。チャートやテクニカルにもフェイクや嵌め込みが多いですが、板読みももちろんフェイクだらけです。こうなったら確実にこうなるといったことはいえませんので、まずは板読みの基本となる「心理読みの入門編」としてお読みください。

1 板とは

「板」とは、簡単に言うと「現在出ている売買注文を、銘柄、値段ごとにまとめて表示したもの」です。注文に変化があったり、売買が成立して残り注文数が変わったりする度に、リアルタイムに変化していきます（右ページの図4－1－1参照）。

そしてもうひとつ、板読みに欠かせない重要な情報として、「歩み値」があります。

これは約定が成立する度に、いくらで何株売買が成立したのかをリスト表示したもので、これを見ることでアップティック（売り板に買い注文をぶつけて売買を成立させること）での売買成立なのか、それともダウンティック（買い板に売り注文をぶつけて売買を成立させること）なのか、大口の買いなのか、それとも小口の注文が多数入ったのか、注文が成立して板が消えたのか、それとも注文が取り消されて消えたのかなど、具体的にどのようにして板が変化したのかが一目でわかります。投資家心理を読むうえでは欠かせない情報といえるでしょう（右ページの図4－1－2参照）。

今回の話のまとめ

板とは実際に出ている、各値段ごとの注文の数量をリアルタイムで表示したものである。この変化から、投資家心理を読み取って売買するのが板読みの基本的な考え方となる。

◆図4-1-1

中央の数字は価格を表す。
価格の刻み幅(呼値)は
その銘柄の価格帯によって変わる

56000	**241**	
106000	**240**	
47000	**239**	
	238	55000
	237	39000
	236	61000

左側の数字は、その価格に入っている
売り注文の合計株数を表示

右側の数字は、その価格に入っている
買い注文の合計株数を表示

◆図4-1-2

左から順に**成立時間**、**価格**、**出来高**を表す

10:36	**241**	3000
10:35	**241**	3000
10:35	241	6000
10:35	**240**	15000
10:35	**240**	10000
10:35	240	80000
10:34	**239**	15000
10:34	239	20000
10:34	238	5000
10:33	**239**	7000

(注)
価格のところの白抜き文字は
前回の約定と比べて高値での売買成立
薄いグレーは前回の約定と比べて
安値での売買成立
黒は前回の約定と同値での売買成立

通常前回の値段より高値で成立、安値で成立、
同値で成立で色分けがされている

2 基本的な板の見方1
～配置・変化・売買成立・上書きから印象を探る～

　まずはごくごく初歩の初歩。前後の流れとか、まわりの状況とかをまったく無視して、素直に配置や動きだけを見て判断してみましょう。実際は前後の流れがとても重要ですし、騙しも多いので、そのまま受け取れる場面はそう多くはありません。本節に限っては、見せ板などといった騙し要素はなく、素直に買いたい注文、売りたい注文が並んでいるものとします。とりあえずは自分がぱっと見受けた印象に、素直に従ってみましょう。板読みとは、心理読み的な要素が強いですから、「こういうときは、普通、こういう印象を受ける」ということを意識しておく必要があります。

　基本的な印象の探り方は、以下のように大きく4つに分かれます。次ページ以降でひとつずつ解説していきます。

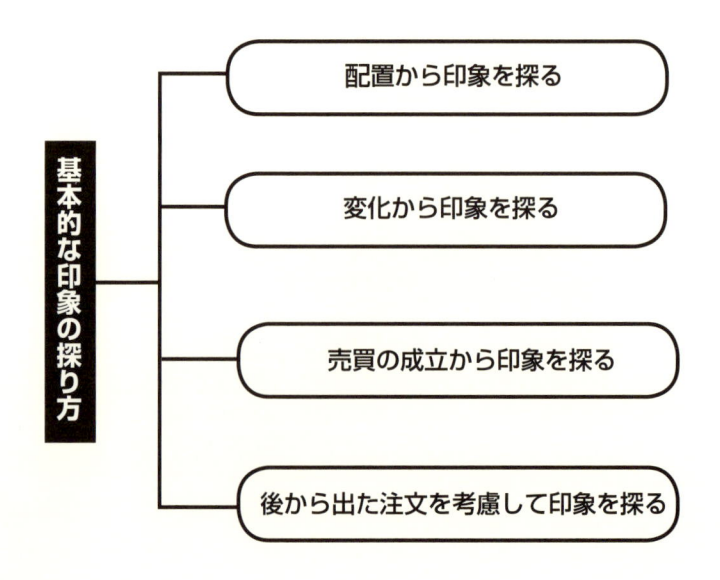

基本的な印象の探り方
- 配置から印象を探る
- 変化から印象を探る
- 売買の成立から印象を探る
- 後から出た注文を考慮して印象を探る

①配置から印象を探る

　下の図４－２－１を見てください。これがすべて需給に応じた注文の場合、どういった印象を受けるでしょうか？　単純に買いたい注文よりも、売りたい注文のほうが多いわけですから、上値は重く、株価は上がりにくいように思います。あなたがどうしてもこの銘柄を買いたいと思っている場合、わざわざアップティックにぶつけなくても、下で指していれば買えそうですね。

◆４－２－１　買いの株数と売りの株数に偏りがある場合

売り		買い
185000	**347**	
162000	**346**	
177000	**345**	
	344	41000
	343	47000
	342	61000

②変化から印象を探る

　図4－2－2を見てください。上の板の状態から、344円に3万株の買い注文が入りました。板に変化があった場合は需給に変化があったということですから、基本的には、最後に変化のあった側に少し力が加わった印象を受けると思います（この場合、少し買いが強くなった印象になります）。

◆4－2－2　板に変化があった場合

売り		買い
85000	347	
62000	346	
77000	345	
	344	41000
	343	47000
	342	61000

↓

売り		買い
85000	347	
62000	346	
77000	345	
	344	**71000**
	343	47000
	342	61000

「344円で買いたい」という注文が30000株増えた
つまり344円で買いたい人が増えたということ

③売買の成立から印象を探る

　図４−２−３を見てください。今度は実際に３４５円の売り板に３万株の買い注文をぶつけ、売買が成立しました。図４−２−２のときと比べて、どういう印象を受けるでしょうか？

　買い板が３万株増えるのも、売り板が３万株減るのも、買い注文と売り注文の差が３万株縮まったのだから、同じように思えるかもしれませんが、実は大きく違います。値段が１ティック上だからというのももちろんありますが、下で待っていて「買えるなら買う」と「実際に買う」では明らかに強さが違うのです。特に今回のように、分厚いところにぶつけに行くほど、より強い印象を受けると思います。

◆４−２−３　実際に売買が成立した場合

売り		買い
85000	347	
62000	346	
77000	345	
	344	41000
	343	47000
	342	61000

↓

売り		買い
85000	347	
62000	346	
47000	345	
	344	41000
	343	47000
	342	61000

「３４５円で売りたい」という注文が３００００株減った
つまり３４５円で３００００株を実際に買った人がいるということ

④後から出た注文を考慮して印象を探る

「③売買の成立から印象を探る」のところで「板の変化」よりも「実際の売買成立」のほうがよりインパクトが強いと書きました。次の２つの例（図４－２－４と図４－２－５）からはどういう印象を受けますか？

◆４－２－４

売り		買い
34000	463	
27000	462	
44000	461	
	460	1000
	459	40000
	458	33000
	457	36000

460円に **３万株の買い注文**
↓

売り		買い
34000	463	
27000	462	
44000	461	
	460	**31000** ←注文が増えた
	459	40000
	458	33000
	457	36000

460円で３万株の売り注文（３万株すべて売買成立）
↓

売り		買い
34000	463	
27000	462	
44000	461	
	460	1000 ←売買成立
	459	40000
	458	33000
	457	36000

◆4-2-5

売り		買い
34000	463	
27000	462	
44000	461	
	460	1000
	459	40000
	458	33000
	457	36000

460円に3万株の売り注文（うち1000株が売買成立）

↓

	売り		買い
注文が増えた（※1）→	34000	463	
	27000	462	
	44000	461	
	29000	460	
		459	40000
		458	33000
		457	36000

※1
もともと460円の買い板に1000株の買い注文があったので、30000株の売り注文と相殺されて29000株の売り注文が460円に残る

460円に3万株の買い注文（うち29000株が売買成立）

↓

	売り		買い
売買成立（※2）→	34000	463	
	27000	462	
	44000	461	
		460	1000
		459	40000
		458	33000
		457	36000

※2
460円の売り板に29000株の売り注文があった。そこに30000株の買い注文が入ったことで、29000株は売買が成立。残った1000株の買い注文が460円に残る

図4-2-4も図4-2-5も、先に買い注文が出るか、売り注文が出るかの違いだけで、どちらも結果として460円で3万株の売買が成立し、最初の板配置に戻りました。直前の値段も460円だとしたら、後からチャートを見てもまったく同じ動きに見えます。
　では、これらの2つに違いはないとしてよいでしょうか？　板読み的にはもちろんノーです。

　図4-2-4はそこそこ大きな買い板が出て、雰囲気が良くなりかけたところに、それを潰すかのように売りを浴びせられ、結果として最初と同じ板配置になりました。板読み的には、最初よりも随分悪い印象になっています。
　逆に、図4-2-5は売りが出て雰囲気が悪くなりかけたところに、買いを入れてカバーしているので、最初より強い印象と言えます。

　このように、板読みとは一手ごとに心理の変化を読むわけです。基本的には買いを強い、売りを弱いとし、印象は後から出た注文で上書きされると考えてください。つまり、どんなに強い買いが入っても、その後に弱気な売りが出ると、その印象が上書きされるばかりか、「これだけ強い買いが入ったのにもかかわらず、まだ弱気な売りが出るのか」といったように、本来強気のはずの買いが、かえって弱さを強調させられることもあり得るということです。例えば、強気な買いがガツガツ入って売り板を削っているのにもかかわらず、売りもその都度湧いてくるようだと、「強い買いが入る」ということよりも、「にもかかわらず売りが出てくる」というほうに目を向けるべきです。つまり、一見、買いが強いように見えて、実は弱いということになります。もちろん、それをはるかに上回る買いが入れば、最終的には強かったと言えます。あくまで、その瞬間その瞬間での優劣の話です。

以上、板読みの基礎の基礎についてお話ししました。実際には見せ板も多々ありますし、成立のタイミングや前後関係で非常に多くのパターンがありますが、それは後ほど説明するとして、まずは「配置」「変化」「成立」「上書き」の基本的なパターンから受ける印象を、もう一度、確認しておいてください。板読み≒心理読みなので、すべての板読みはこの基本からの延長になります。

今回の話のまとめ

①買い板と売り板の枚数に差がある場合、(前後関係を無視して配置だけを見ると) 板の厚い方が優勢な印象を受ける

②板に変化があった場合、基本的には板が増えると強く、減ると弱く感じる（買い板が増えた場合、買いが優勢になった印象を受ける）

③実際に売買が成立した場合、アップティックでの売買成立なら買いが優勢、ダウンティックでの売買成立なら売りが優勢

④アップティックで売買が成立する＞買い指値が増える＞買い板のほうが売り板よりも厚いの順で強くなる　←（買いの場合）

⑤強弱の印象は、後から出た注文で上書きされる

3 基本的な板の見方2
～薄い先頭指値は成立しやすい～

　まずは右ページの**図４－３－１**の板をご覧ください。今あなたはこの銘柄を、２万株ほど買いたいと思っています。そして、板状況は右のとおりです。この場合、あなたはすぐに１４４円の買い注文を入れますか？　これだけ売りの板が厚いと、別に今すぐ買いを入れなくても、いつでも買えそうだし、もしかしたら１４３円で買うチャンスもあるかもしれないので、この分厚い板にぶつけて買おうという気になれないですよね。１４４円で買うにせよ、１４３円で買うにせよ、しばらく様子を見ていてもよさそうです。

　では、そこから少し時間がたって**図４－３－２**の板状況になりました。４２万５０００株もあった１４４円の売り板が、**図４－３－２**では２万４０００株にまで減っています。あなたなら、どうしますか？
　おそらく大半の人が、「やばい！　このままじゃ売りがなくなっちゃう！」と飛びついて買いを入れるでしょう。１４４円で買いたいなと思っていた場合、あなたも急いで買い注文を出すのではないでしょうか。

　逆の場合も同様です。２万株売りたいと思っていたとして、**図４－３－３**（１５８ページ参照）の状態だとなかなか動きにくいですが、**図４－３－４**（１５８ページ参照）の状態だと「急がなきゃ」という気になって、慌てて注文を入れると思います。

　これはそれぞれ買いたい、売りたいが逆になった場合も同様で、**図４－３－２**の状態で２万株売りたい、**図４－３－４**の状態で２万株買いたいと思っていた場合、「今なら１４４円で売れるかも（１４３円

◆4−3−1

売り		買い
334000	147	
227000	146	
374000	145	
425000	144	
	143	340000
	142	433000
	141	296000

◆4−3−2

売り		買い
334000	147	
227000	146	
374000	145	
24000	144	
	143	340000
	142	433000
	141	296000

「144円で売りたい」という注文が一気に減った。「144円で買いたい」と考えていた人から見れば、「144円で売ってくれる人の数が少なくなった」わけだから、慌てて注文してしまいがちになる状況でもある

◆4-3-3

売り		買い
334000	**147**	
227000	**146**	
374000	**145**	
424000	**144**	
	143	340000
	142	433000
	141	296000

◆4-3-4

売り		買い
334000	**147**	
227000	**146**	
374000	**145**	
424000	**144**	
	143	30000
	142	433000
	141	296000

143円で買いたいという注文が一気に減った。「143円で売りたい」と思っていた人からすれば、「143円で買ってくれる人の数が少なくなった」わけだから、慌てて注文してしまいがちになる状況でもある

で買えるかも)」という気になりやすいと思います。

　このように、板が厚い銘柄で先頭指値が薄い場合は、基本的には急がなければという心理が働き、残り少ないその板は、すぐに食われやすい傾向があります。そして買い手、売り手のお互いが「今なら売買しやすい」と感じ、注文を活発に出すため、この状態になったときは一時的に出来高が増えます。もちろん板に対して小さな注文の場合での話なので、ここでの出来高はほとんど小口ということになります。３０万株とか買い(売り)たいなら、むしろ図４－３－１や図４－３－３のときのほうがやりやすいですしね。
　こういった小口の活発な売買は、ある程度の時間続くことがあります。大口よりも小口のほうが感情で動きやすいので、小口が活発に売買した値段というのは、意識しておいて損はないと思います。

今回の話のまとめ

先頭指値の板がほかと比べてかなり薄い場合、その注文はほかと比べかなり成立しやすい。

4 基本的な板の見方３
〜歩み値の見方について〜

　次に、私が板読みトレードでもっとも重要視している要素である「歩み値」についてお話しします。
　１４６ページ（４−１）でも少し説明しましたように、歩み値とは、「実際に売買が成立した株数と時刻を、時系列にそって並べたもの」で、これを見ないと、実際に売買が成立したのか、それとも単に注文が取り消されて板が薄くなったのかがわかりません。
　一見すると、板の動きは同じように見えても、両者のもつ意味合いは大きく違います。板読みをメインにやっている方がほとんどいないので、しょうがないと言えばしょうがないのですが、普段は歩み値を見ていない人も結構多いようです。でも、私にとっては、歩み値を見られるツールがなくなったら、正直、勝てる気がしないくらい大事な情報なのです。
　まずは同じ板の動きでも、売買が成立するのと、注文が取り消されるのとでは大違いと言いました。実際にどう違うのか、１４８ページ（４−２）でも簡単に説明しましたが、もう一度、お話ししましょう。

　まずは図４−４−１、図４−４−２から、図４−４−３、図４−４−４への変化をご覧ください。図４−４−３を見ると、３６５円の売り板が３万株減っています（丸囲み部分）が、図４−４−４で歩み値を見るときちんと３６５円で３万株成立しています。この場合は素直に見ていただいて構いません。それだけの買い需要があって、売買が成立。しかも板のサイズや、ほかの役出来（１度に約定した株数）と比べて、やや大きめの注文ですから、この注文だけ見ると「ちょっと強いかな？」といった印象を受けます。

◆4-4-1

売り		買い
37000	368	
44000	367	
26000	366	
40000	365	
	364	37000
	363	35000
	362	41000

◆4-4-2

10:47	364	10000
10:46	365	3000
10:46	364	20000
10:46	364	15000
10:45	364	3000
10:45	363	10000
10:45	363	5000

◆4-4-3

売り		買い
37000	368	
44000	367	
26000	366	
(10000)	365	
	364	37000
	363	35000
	362	41000

◆4-4-4

365円で30000株の売買成立

10:47	365	30000
10:47	364	10000
10:46	365	3000
10:46	364	20000
10:46	364	15000
10:45	364	3000
10:45	363	10000

次に図4－4－5、図4－4－6から、図4－4－7、図4－4－8への変化をご覧ください。

図4－4－7を見ると、図4－4－3と同じく365円の板が3万株減っています（丸囲み部分）が、図4－4－8で歩み値を見ると、こちらは変化がないので売買は成立していません。つまり、3万株の買い需要があったわけでもなく、単に売り注文が取り消されただけということになります。

そして、この動きをどう見るかは、その前後の動きにもよるので一概には言えませんが、最も考えられるのは、売りやすいように、単に一度売りを引っ込めただけというもので、この場合、売り需要が減ったわけではありません。365円が薄くなったからと慌てて買いにいったら、365円に買いがたまった途端、すぐにまたさっきの売りが出てくるというのが一番多いパターンだと思います。そうでなくても、「もう少し上で売れるかも？」という、少し色気を出して引っ込めたというのが多いでしょうから、いずれにせよ、3万株の売り需要が減ったわけではないということを頭に入れておいてください。

それ以外に考えられる理由としては、見せ板を出していたが、そろそろ成立しそうなので、慌てて取り消したというパターンです。

これは10万株といった、あからさまに大きい板の場合は、ほぼそう思って構わないと思いますが、この程度の大きさだと、その可能性は若干減ります。もちろん、「サイズが大きくなければ見せ板じゃない」などということはありませんし、より自然に見せるために、サイズを調整したのかもしれませんが、そのあたりは、前後の動きから判断するしかないです。

そして、見せ板だった場合は、売り玉を持っているので値段を下げて買い戻したい、単純に安く玉を仕込みたいという理由がほとんどなので、逆に買い需要があるといえます。うまくすれば踏み上げにもつながります。見せ板かどうかの判断は、その後の動きに大きく影響す

◆ 4-4-5

売り		買い
37000	368	
44000	367	
26000	366	
40000	365	
	364	37000
	363	35000
	362	41000

◆ 4-4-6

10:47	364	10000
10:46	365	3000
10:46	364	20000
10:46	364	15000
10:45	364	3000
10:45	363	10000
10:45	363	5000

◆ 4-4-7

売り		買い
37000	368	
44000	367	
26000	366	
10000	365	
	364	37000
	363	35000
	362	41000

◆ 4-4-8

歩み値に変化なし!

10:47	364	10000
10:46	365	3000
10:46	364	20000
10:46	364	15000
10:45	364	3000
10:45	363	10000
10:45	363	5000

るのでとても大切です。

　もちろん、すべてを見抜けるわけではありませんし、あくまでそう仮定して心理を読んでいるにすぎないので、板読みに限った話ではないですが、過信は禁物です。ただ、何も考えず、思うままに売買を繰り返しても得るものは少ないです。どんな注文にも、大なり小なり理由が存在するはずです。それが何かを考え、心理を読むことが、板読みの本来の目的です。

　さらに、アローヘッドが導入されてからは、東証でも個別の歩み値がすべて表示されるようになりましたので、同じ３万株の約定でも、１件で約定したのか、それとも細かな注文がたくさん入って合計３万株の約定なのかまでわかるようになりました（右ページの図４－４－９参照）。もちろん、動きがゆっくりなら、板を目で追っても１件なのかどうかくらいはわかりますが、アローヘッドになってからは、注文が集中したときには目で追えませんので歩み値で確認するしかないです。そして板読み的には大口１件なのか、小口の集まりなのかで大きく意味が違ってくるので、ますます歩み値は板読みトレードには欠かせないツールになったと言えます（詳しくは次節で解説します）。

今回の話のまとめ

板読みトレードをするときは、実際の売買成立の様子がよくわかるので、必ず歩み値も併せて見ること。同じ板の変化でも、注文が取り消されたのと、売買が成立したのでは、大きく意味が異なる。

◆4-4-9

売り		買い
37000	**368**	
44000	**367**	
26000	**366**	
40000	**365**	
	364	37000
	363	35000
	362	41000

365円で3万株の売買成立

売り		買い
37000	**368**	
44000	**367**	
26000	**366**	
10000	**365**	
	364	37000
	363	35000
	362	41000

歩み値を見てみると……

こちらは1件で30000株

10:47	365	30000
10:47	364	10000
10:46	365	3000
10:46	364	20000
10:46	364	15000
10:45	364	3000
10:45	363	10000

こちらは5件で30000株

10:47	365	3000
10:47	365	7000
10:46	365	8000
10:46	365	2000
10:46	365	10000
10:45	364	3000
10:45	365	10000

約定の内訳がわかるのは、板読み的には大きなメリット！
心理を読む意味でとても大切です

5 基本的な板の見方4 〜腰が据わっているかどうかを見る〜

　今回も歩み値を使っての解説になります。まずは右ページの図をご覧ください。

　図4－5－1、図4－5－2、図4－5－3、図4－5－4、図4－5－5、図4－5－6では、どちらも変化前と変化後では、260円で5万株の売買が実際に成立し、その分だけ260円の売り板が薄くなったという点でまったく同じですが、歩み値を見ていただくと、図4－5－3では小口の注文が11件で合計5万株の売買が成立しているのに対し、図4－5－6では5万株の大口注文1件のみです。板読み的には、この差は非常に大きいです。

　皆さんのなかで板や歩み値を見ている人は、感覚的に「何となくそうじゃないかな？」と思っていると思いますが、この2つを比べると、後者の"大口1件の注文で5万株成立"したほうが小口の注文が集まるよりも圧倒的に強いです。
　すべてがそうとは言いませんが、大口注文はさばくのが小口に比べて大変な分、比較的長く――スキャルピングで入る人よりは、デイトレードでも少し時間軸が長めだったり、スイングトレードだったり――持って値幅を狙わないとロットによるロス分（指しておいてもなかなか成立しないので、買いも売りもぶつけなければいけないことが多いので）を埋めるのが難しくなります。
　右の例でいえば、5000株なら260円で買って、すぐ261円に売り注文を出してもさほど影響もないので、261円で売れる可能性は大いにありますが、5万株ともなると、260円で買って即

◆4−5−1（左上）　4−5−2（左下）　4−5−3（右）

売り		買い
57000	263	
71000	262	
43000	261	
70000	260	
	259	36000
	258	44000
	257	45000

⬇

売り		買い
57000	263	
71000	262	
43000	261	
20000	260	
	259	36000
	258	44000
	257	45000

時刻	値段	株数	
13:03	**260**	4000	⎫
13:03	**260**	5000	
13:03	**260**	4000	
13:03	**260**	2000	
13:03	**260**	5000	
13:03	**260**	6000	11件で5万株の売買成立
13:02	**260**	7000	
13:02	**260**	8000	
13:02	**260**	2000	
13:02	**260**	3000	
13:02	260	4000	⎭
13:02	**259**	12000	
13:02	259	7000	
13:01	**258**	3000	
13:01	259	5000	
13:01	**258**	10000	
13:01	**258**	5000	

◆4−5−4（左上）　4−5−5（左下）　4−5−6（右）

売り		買い
57000	263	
71000	262	
43000	261	
70000	260	
	259	36000
	258	44000
	257	45000

⬇

売り		買い
57000	263	
71000	262	
43000	261	
20000	260	
	259	36000
	258	44000
	257	45000

時刻	値段	株数	
13:02	260	(50000)	— 1件で5万株の売買成立
13:02	**259**	12000	
13:02	**259**	7000	
13:01	**259**	3000	
13:01	259	5000	
13:01	**258**	10000	
13:01	**258**	5000	
13:01	259	6000	
13:00	**258**	10000	
13:00	259	4000	
13:00	**258**	7000	
13:00	**258**	2000	
13:00	259	12000	
13:00	**258**	5000	
13:00	258	6000	
12:59	**257**	2000	
12:59	**258**	3000	

167

２６１円に置いたのでは、同一人物ということもバレバレですし、板のインパクトが大きくなって、そう簡単には買ってはもらえないでしょう。

　あとは大口注文が入ると、いわゆる提灯がつくこと（大口の動きについていこうとする動き）が多いので、その分も買い方にとってプラスになります。

　そして、これも重要なのですが、ある程度ポジションを持っている大口にのみ「支える」という選択肢が加わります。文字どおり、株価が崩れそうになったときに、大きめの注文を入れて、株価を支え、下落を防ぐのです。もちろん、みんながそうするわけでもないですし、あくまで選択肢が加わるというだけなのですが、「なぜそうなのか？」については、少し考えてみればすぐにわかると思います。

　小口の場合は、そもそも支えるほどの注文を出すことができません。これは容易に想像がつくと思います。

　大口については、「支える」という行為自体、崩れかけの危なっかしいところをわざわざ買うわけですから、ポジションのない人や、ポジションがあっても大した量でない場合は、そこは一旦見送って、実際に崩れて安くなったところを買うか、再び雰囲気が良くなってきてから買ったほうが賢明な判断になります。にもかかわらず、わざわざそこで支えるということは、崩れてほしくない理由があるのです。それはもちろん、ある程度以上の買いポジションを持っているからに違いありません。これは見せ板にも同じようなことがいえます。

　わざわざ「成立してしまうかも」というリスクを冒して、欲しくもない大口注文を出すからには、それ相応の理由があると考えるべきです。

　先ほど言ったように、雰囲気が危なくなったら支えてもらえるという保証はどこにもありませんし、むしろそうなることのほうがまれですが、その可能性があるのとないのとでは大違いです。

ざっと挙げただけでもこれだけの理由がありますが、実践上、一番の理由はやはり、「提灯がつきやすい」ということですかね。ただし、この提灯と呼ばれる買いは、もともと自分の意思で買ったわけではなく、「大口が買ったから」という他人本位な買いなので腰が据わっていないことが多く、少し空気が悪くなっただけですぐに降りてしまう可能性が高いことも覚えておいてください。

今回の話のまとめ

成立した株数が同じ場合、大口注文＞小口注文の集まり。

第5章

板読みデイトレードの手法紹介

　この章では、板読みの応用編として、板読みデイトレードの具体的なテクニックや考え方、駆け引きなどについて、より実戦的な考えを説明していきます。

　ただし、繰り返し書いているように、大事なのはここで書かれている具体的な手法ではなくて、「どうしてそうするのか？」「そう考えるのか？」といった、そこに行き着くまでの過程です。

　また、ここに書いていることはあくまでほんの一例に過ぎません。さまざまな要因によって左右されますし、人間同士がやりあっている以上、絶対と呼べるようなことは何一つないからです。特に、ほんの一瞬タイミングがずれるだけで、まったく意味合いが違ってきたりすることもありますし、騙しあいも多々あります。さらには、流行的な要素もあるので、少しずつ修正が必要な場合ももちろんあります。そのことを十分意識したうえで、ここに書いてある手法を丸々コピーするのではなく、「こういうことを考えながら板読みをするんだな」と考えながら読み進めていってください。

1　見せ板を利用した売買テクニック

　まずは私が板読みトレードを始めるきっかけともなった、見せ板を利用したトレード手法を紹介します。といっても、もちろん自分が見せ板を出して株価を操作するわけではありませんが（笑）。

　見せ板は、本来、もちろん違法なのですが、実際は毎日何十回、何百回と目にしています。当然、見せ板を出すからには株価を操作しようとする思惑があり、しかもその銘柄のボリュームに対して、それなりの資金を持った大口であるのは間違いないわけですから、その大口の意図するところがわかるのであれば、それに便乗しない手はありません。

　私が最初に見せ板にすごく関心を持ったのは、まだトレードを始めて２週間くらいの頃です。**図５－１－１**のように、少し大きめの売り板があるだけで、ごくごく普通の板を何となく眺めていたときに、**図５－１－２**のようにすごく不自然な買い板が突如出現したのです。見るからに不自然なサイズの板で、「こんなの出しても買えるはずがないし、板は売りが厚いのだから落ちてきたところを買えばいいのに、なんでこんな意味のないことをするのだろう？」と思ったのですが、すぐに「わざわざ大きなお金を使って、意味のないことなどするはずがない。一見意味がないように見えることをわざわざするということは、当然、きちんとした理由があるはずだ」と思い、「じゃあ、その理由って一体何だ？」と考えたわけです。

　「買う気のない、大口の買い注文」。これが意味するところは、やは

◆図5−1−1

売り		買い
27000	**277**	
85000	**276**	
21000	**275**	
27000	**274**	
	273	22000
	272	17000
	271	30000

◆図5−1−2

> 突然大きな買い板が出現。
> 位置、サイズからも、本当に買いたい注文とは到底思えない。
> じゃあ、なぜ、わざわざこんなことを？

売り		買い
27000	**277**	
85000	**276**	
21000	**275**	
27000	**274**	
	273	22000
	272	**137000**
	271	30000

り「買いが厚い印象を与えて、株価を上げたいのではないか？」と素直に考えてみました。「当然、株価を上げたいからには、株を持っているはず。そして１２万株もの買い注文を出すからには、持っている株が１～２万株程度ではリスク・リターンのバランスが悪いから、きっとそれなりの株数のはず。となると、目につくのが、２７６円の大きめの売り板だ」と。これを売りさばくために出したのだとしたら、つじつまが合いますよね。

そう思いながらじっくりと動きを眺めていると、ほどなく下の分厚い板に後押しされた買いが２７４円、２７５円の売り板を食いつくし、やがて２７６円の売り板も食い尽くしました。その途端、目的を果たした２７２円の買い板は予想通り消滅。ここまでこの買い板を頼りに入っていた買いも、支えを失って当然続かなくなり、あえなく下落していきました。先ほど立てた仮説どおりの動きとなったわけです。

さて、この一連の動きには、明確なＩＮ、ＯＵＴのポイントが存在するのも見逃せないですね。

ゴールが２７６円の売り板を食い尽くすまで（後に追加された分は除く）なわけですから、２７３～２７４円あたりを買って、２７５～２７６円あたりでさばけば、高確率で数ティック抜きができます（ただし、見せ板を出している人が２７６円に出している売り注文がすべて約定した時点で見せ板は消えるわけですから、２７６円で売り抜けるのは、タイミングがややシビアです）。

もちろん見せ板を出している人の意図がわかったからといって、１００％その人の思惑どおりになるわけではありませんし、自分自身も入るロットやタイミングが悪いと、うまく便乗できずに邪魔しただけで終わることもあります。私の場合は、これが最初に見つけた自分

にとっての勝ちパターンだったので、最初のうちは試行回数を増やし、手法をしっかりと確立するためにも、収支を上げるためにも、ランキングから当日盛り上がっている銘柄や、比較的売買代金が大きく流動性の高い銘柄のコードを片っ端から打ち込み、このような見せ板配置をひたすら探して手堅く数ティック抜きを繰り返し、その精度を高めていきました。そして、そのトレードで得た資金で、ほかの勉強のためのトレードをやって経験を積み重ねていき、少しずつ自分の引き出しを増やしていきました。

このように、ひたすら精度を高めているうちに、最初は見せ板が消えるところまで、買いで数ティック抜きをするだけだったのが、じっくり検証を繰り返しているともう少しいろいろなことが見えてくるようになりました。そこまでの買いは見せ板に飛びついてしまうような、腰の据わってない買いだから、見せ板が消えた途端に投げも出やすいはずで、その株数もおおよそ見当がつくわけですから、それを逆手にとって貸借銘柄ならドテン売りして往復で取ったり、非貸借なら投げが一段落したところを再度拾いなおしたりなど、最初の取引を起点に、徐々に取引の幅を広げていきました。

ここで大切なポイントを整理します。一番大切なのは、「一見すると、意味がないように見えるものにこそ、意味がある」と考えた点です。言われてみたら「そんなの当たり前じゃない？」と思えるようなことでも、自分で気づくのは意外と大変だったりします。そして、そういうものは、ある日、突然頭に浮かんでくるものではありません。見ようとしない人には決して見えてきません。「なぜ？」と思うことは非常に大切です。そして、ほとんどの場合、その「なぜ」に対しての答えは存在します。

この話では、もうひとつポイントがあります。それは「すぐに飛び

つかず、まずはじっくりと成り行きを眺め、動きを目に焼き付けたこと」です。どうせ1〜2回やったところですぐに手法が身に付くわけありません。むしろ、いきなり入っても、どうしても損得が絡んでしまうと、結果も気になって集中できないと思います。すぐに試したい気持ちもわかりますが、まずは焦らずじっくりと検証するほうが、その後、実際に入ったときもいろいろと冷静に見られていいと思います。

あとは、それが本当に手法として成り立つのかどうか、慎重に慎重に、検証を進めていくしかないですね。

今回の話のまとめ

成立させる気がないと思われる注文は、見せ板の可能性が高い。何のためにそれを出したのかを考え、うまく利用すること。

2　空振りの注文は、消極的な注文

　下の図５－２－１をご覧ください。これは図４－３－２で紹介した板と同じものです。先ほどお話ししたとおり、このような状態のときには、１４４円の売り注文は、非常に食われやすい傾向にあります。

◆５－２－１

売り		買い
334000	**147**	
227000	**146**	
374000	**145**	
24000	**144**	
	143	340000
	142	433000
	141	296000

　特に図５－２－２（次ページ参照）のように板が厚い状態から薄くなったときには、一気に買いが殺到します。その結果、図５－２－３（次ページ参照）のように、１４４円で買おうとして空振った買い注文が勢い余って１４４円に積もることも多々あります。

　実はこの動き、ごく自然な感情にそった動きなので、基本的には偽りのない買い需要に違いないのですが、実は一点重要な要素が隠れています。それは、ここに積もった買いは「消極的な買いで腰が据わっていない可能性が高い」ということです。「絶対に１４４円で買いたい」

◆5－2－2

売り		買い
334000	**147**	
227000	**146**	
374000	**145**	
425000	**144**	
	143	340000
	142	433000

一気に減少

↓

売り		買い
334000	**147**	
227000	**146**	
374000	**145**	
24000	**144**	
	143	340000
	142	433000
	141	296000

◆5－2－3

売り		買い
334000	**147**	
227000	**146**	
374000	**145**	
	144	77000
	143	340000
	142	433000
	141	296000

← 144円で買えなかった注文が積もる

と思っているなら、買われるときは板１枚くらい一気に買われますし、空振りを避けるためにも、少々の板の厚みなど気にせず、アップティックにぶつけてくるはずです。それに対し、空振って１４４円に積もった注文は、売り板が薄くなってからの注文の中でもさらに遅い注文なのです。要するに「１４４円で買おう」とクリックするのにためらいがあった証拠といえます。もともと薄くなってからというのは、同値で逃げやすそうというのも意識しているはずですから、少し雲行きが怪しくなると、すぐに降りてしまいます。

ただし、ここで注意していただきたいのは、あくまで売り板が厚い状態から薄くなり、そしてすべて食われた直後にアップティックを取りに行って空振ったと思われる注文に対してのみいえる、ということです。同じ配置になっても、買い板が削られたり、売り板が食われて、随分時間がたってから出た注文は、この限りではないということです。

「腰が据わっている」「腰が据わっていない」というのは、板読み、すなわち心理読みにとってとても重要な要素なので常に意識するようにしておいてください。

今回の話のまとめ

注文のタイミングから、積極性を読み取ること。積極的な注文は腰が据わっている可能性が高いが、消極的な注文は腰が据わっていなく、すぐに降りてしまう可能性が高いといえる。

3 空売りと現物の売り

　次は知っている人にはごく当たり前のことですが、知らない人もいるかもしれないので、空売りと実需（現物）の売りとの見分け方をお教えします。これは空売りのルールを知っていればすぐにわかると思います。

　まず個人には空売りの５０単位規制というものがあります。ダウンティックにぶつけてもよい空売り枚数は一度に５０単位までで、続けて５０単位以上ダウンティックにぶつけて売る場合は、５分以上間隔を空けなければいけません（自主規制のようで、証券会社によっては１５分のところもあります）。ただし、アップティックに空売りを入れる場合は特に規制がありません。証券会社によっては５０単位ずつ並べなければいけませんでしたが、最近はアップティックに限り、１回の注文で５０単位以上の空売りを入れられる証券会社も増えてきました。

　そして、ディーラーの場合は少しルールが違ってきます。そもそも空売りをダウンティックにぶつけることができません。そして、アップティックに空売りを入れる場合でも、空売りを入れる値段よりも、その日に一度それより低い値段をつけている必要があります（例えば、３５０円に空売りを入れる場合、その日の安値が３４９円以下でないといけない）。枚数に関する規制は特にありません。

　これらのことをきちんと知っていると、空売りと現物の売りの見分けがしやすくなり、板読みをするうえで大切な心理も読みやすくなります。信用取り組みの目安もつけやすくなります。
　基本的には、空売りは現物の売りと比べて見せ板の可能性も高く、

※１単位＝１００株の銘柄の場合

◆５-３-１

売り		買い
17700	476	
21600	475	
24000	474	
12700	473	
	472	35000
	471	22600
	470	25400
	469	30800
	468	18500

⬇ アップティックに２万株（200単位）
の売り注文

アップティックの売り注文には、ディーラー以外の規制はないため、空売りを含め、すべての種類の売りの可能性がある

売り		買い
17700	476	
21600	475	
24000	474	
32700	473	
	472	35000
	471	22600
	470	25400
	469	30800
	468	18500

◆５-３-２

売り		買い
17700	476	
21600	475	
24000	474	
12700	473	
	472	35000
	471	22600
	470	25400
	469	30800
	468	18500

⬇ ダウンティックに4000株（40単位）
の売り注文

売り		買い
17700	476	
21600	475	
24000	474	
12700	473	
	472	31000
	471	22600
	470	25400
	469	30800
	468	18500

ダウンティックの売り注文でも５０単位以下の場合は空売り規制に引っ掛からないため、空売りの可能性がある。ディーラーはダウンティックに空売りをぶつけることができないので、ディーラーの空売りの可能性はない（現物の売りは可能）

181

いつかは買い戻さなければならないので、下げトレンドのときでも、一時的には売りを誘いますが、それほど売りを加速させる要因にはなりません。それどころか、上げトレンドの場合は踏み上げにつながる可能性も大いにあります。それに対して現物の売りは、ダウンティックにぶつけられるから当然と言えば当然なのですが、実需の売りなので下げトレンドの場合は下げを加速しやすく、上げトレンドの場合も、枚数によっては一気に雰囲気を壊しかねません。実際、今までカチ上げてきた大口が一気に降りた可能性も高く、転換点になりやすいので、大口の売りが空売りなのか、現物の売りなのかを見抜くことは板読みにおいてとても重要です。

◆5－3－3

売り		買い
17700	476	
21600	475	
24000	474	
12700	473	
	472	35000
	471	22600
	470	25400
	469	30800
	468	18500

↓ ダウンティックに3万株(300単位)の売り注文

売り		買い
17700	476	
21600	475	
24000	474	
12700	473	
	472	5000
	471	22600
	470	25400
	469	30800
	468	18500

ダウンティックに50単位以上の売り注文は、個人、ディーラーともに空売りではできないので、この場合は実需の売り（現物売り、信用買いの返済売り）であるといえる

しっかりと板の動きを見ていたら、結果、アップティックに置かれた大口の売りも、単にアップティックに置いたのか、それともダウンティックにぶつけようとして空振った指値が残っただけなのか、わかることも多いと思います。もし、後者のほうなら実需の売りなので、いずれ指値を変更して下にぶつけてくる可能性が高いということも留意しておくべきです。

繰り返しますが、板読みとは主に心理読みですので、それぞれの注文が、どういった背景で出されたものなのかを考えながら取引することが非常に重要となります。

今回の話のまとめ

空売りの注文は、将来的な買い戻し需要になり、信用取り組みにも影響を及ぼす。できる限り普段から空売りなのか、実需の売りなのかは意識しておくこと。

4　強くないのは弱いということ

　タイトルを見て、「こいつは何を言っているんだ？」と思った方も多いでしょう。強いと弱いは対義語ですから、２択しかないのであれば、強くない＝弱いというのは誰でもわかることです。しかし、この当たり前のことが、板読みでは非常に重要な要素となります。

　先ほど、「強い」と「弱い」の「２択ならば」と書きましたが、そこに疑問を持った方もいるでしょう。実際はそのように白黒はっきりした場面よりも、もっと曖昧な場面が多いですし、そうでなくても、「強い」「普通」「弱い」の３択くらいはあってもよさそうです。株だって上がる、下がる以外にも横ばいという状態もあるわけですしね。
　ですので、普通に考えれば、強くはないからといって弱いと決めつけるのはおかしな気がしますし、強いか弱いかの２択しかないと言われたら、わざわざ改めて書くまでもなく、当たり前のことを書いているだけだし、「一体何が言いたいの？」と思われても仕方ありません。
　ところが、板読み的には状況によっては「強くない＝弱い」が存在します。それは、ひとことで言うと、「ここで買いが入らないなら、どこで買いが入ると言うんだ？」という場面で、「すぐに」買いが入らないときです。例えば、次のような場合がそうです。

①ずっと蓋をしていた重い売り板を、ようやく誰かが食ってくれた
②次から次へと湧いて出てきていた売り物が、ようやく枯れてきた
③先物の下げにつられて下げていたが、先物が反転しだした
④ずっと膠着状態だったところに、突然、大口の買いが入った　　など

◆5-4

売り		買い
34000	463	
27000	462	
44000	461	
179000	460	
	459	40000
	458	33000
	457	36000
	456	29000

分厚い売り板が蓋をしていて、ずっと株価を抑えつけている

↓

売り		買い
55000	464	
34000	463	
27000	462	
44000	461	
	460	32000
	459	40000
	458	33000
	457	36000

ようやく大口買いが入り、一番の厄介事が解消!!

↓

それなのに全然買いが続かない

↓

本来売り板を食いつくしてブレイクした時点では強い状況なのだが、その状況ですら買いが入らない

↓

当面、買いを期待できる状態ではない

すなわち、強くない=弱い

要するに、目先の株価を抑えつけていた一番の厄介事が解消され、「さぁ、これであとは上げるだけだ」という場面にもかかわらず買いが入らないのであれば、当面、買いを期待できる場面などありませんよね？　そこで、「ここで買われないなら、もう買いは期待できない」となると、あとは売られるだけ、すなわち強くない＝弱いの図式が成り立つわけです。

　先ほど、「すぐに」と強調したのにももちろん意味があります。板読み的にはタイミングも重要で、①〜④で紹介したような状態になるのを待ち構えていて、そうなった瞬間に待ってましたと買いが入って、初めて強いといえるからです。かなりの間が空いてからだらだらと買いが入っても、それは待ち構えていた買いではないので、それほど欲しがっていたわけでもなく、腰も据わっておらず、すぐに降りる可能性も高いといえます。

今回の話のまとめ

本来強くなければいけない場面にもかかわらず、買いが入らないということは、一見、ニュートラルに見えても弱いといえる。

5　株価は板の厚いほうに動く？

　普段、板の動きなどはほとんど見ないけど、この「株価は板の厚いほうに動く」ということだけは意識しているという人も多く、意外と認知度は高いようです。
　この性質について、板読み視点から少し考えてみましょう。

◆5－5

売り		買い
223000	**373**	
191000	**372**	
188000	**371**	
255000	**370**	
	369	43000
	368	37000
	367	45000
	366	29000

　トレードをしていると、**図5－5**のような板配置をよく見かけると思います。そしてこのような配置になると、上がることが多々あると認識している方も多いと思います。確かにそのとおりなのですが、この配置にさえなればいつも上がるというわけではありませんので、「なぜ、上がるのか？」を知っておかないと、その見極めも難しいと思います。
　まず言えることは、この配置になっただけでは駄目だということで

す。瞬間的にこの配置になっただけの場合は、売り板の厚さにびびって、売りが出て崩れることももちろん多いです。まずはこの配置になって、しばらく崩れず均衡を保っていることが上がるための最低条件です。

　均衡状態が長く続くということは、１８４ページ（5－4）でお話ししたように、板配置的に売りが優勢なのにもかかわらず崩れない、すなわち配置的に弱いのに売られない＝強いという図式が成り立ちます。

　さらに、この板配置は、大口にとっては板の厚さ的に買いやすい一方、簡単に売りにくい配置でもあります。１０万株売ろうと思ったら、買い板を2ティック以上（この例の場合は３６９円、３６８円、３６７円）ぶち抜かないといけないですからね。もし、ある大口が３７０円の約２５万株をすべて買ったとしたら、それを売りさばくためには、さらに株価を押し上げて、出来高や板の厚さを増やすしかありません。ということは、中途半端な仕掛けができず、仕掛けたからにはきっちり上げるしかないというのも、買い方にとってはプラスに働きます。

　あとはこの配置ですから、１４８ページ（4－2）でお話ししたように、売り注文のほうが圧倒的に多いので、通常、３６９円とか、３６８円に売り注文がちょこちょこ出やすい状況ではあります。ここで３７０円の板（売り注文）を取りにいけるのは、基本は大口だけです。となると、大口は、ちょこちょこ出てきた売り注文（この話の場合は３６９円とか、３６８円に出てきた小口の売り注文）を拾えばよく、また自分以外に大口がいないと仮定するならば、アップティックに買いを仕掛ける人もいないので、結果的に仕掛ける前に株を集めやすい状況になります。

以上のように、こういった板配置は大口にとっては非常に仕掛けやすく、また一度仕掛けてしまうと降りにくい配置なので、上がることが多いわけです。これが株価は板の厚いほうに動きやすいとよく言われる理由です。こういったことも、みんながそう言っているからとか、経験上そうだからというだけでなく、「上がるからには必ずそれ相応の理由があるはず」という視点で見てください。常に「なぜ？」ということを基本にして考えるようにしてください。

今回の話のまとめ

売りと買いの板の厚さが大きく違って、かつその状態で株価が長く均衡している場合は、その後、板の厚い方向に動くことが多い。

6　寄り付き前の成行注文を確認しておく

　成行注文と指値注文、皆さんはどちらをよく使いますか？　アローヘッド（arrow head）になってから成行を使う機会は減ったかと思いますが、相変わらず寄り付き前、引け注文は成行が多いですね。
　成行注文の意味は、今さら言うまでもなくご存知でしょうが、もう一度、その意味を考えてください。成行とは、「いくらでもいいから売りたい（買いたい）」という注文です。
　東証がアローヘッドになってからは、東証でも寄り付き前に成行注文の数が見られるようになりました。ですから、結果として、成行注文は手の内をさらすことになってしまいます。それは、ときとして不利益を招くことになるので注意が必要です。

　さて、例を挙げてみましょう。寄り付き前の気配で、前日終値は特に問題ではないのですが、仮に５５０円で、ＧＵ（ギャップアップ）気配とします。
　寄り付き前の気配が、**図５－６**のようになっていたとします。一見すると、板の厚みも大差がなく、拮抗しているように見えます。今８時５０分だとして、９時の寄り付き時には、気配はどっちに動いている可能性が高いと思いますか？

　この場合は、先物やほかの銘柄の動きを無視して、この銘柄だけの強弱で言うなら、９時の時点ではおそらく気配は下がっているでしょう。なぜだかわかりますか？　答えは成行注文の差にあります。成行注文の数量を見ていただくとわかるように、現時点での最良気配の売り注文１６万８７００株のうち、ほとんどが成行注文です。というこ

◆5-6

売り		買い
成行 162000		成行 95700
7700	**566**	
3600	**565**	
4000	**564**	
168700	**563**	
	562	165000
	561	3600
	560	4400
	559	2900
	558	8500

9時に近づくにつれ
寄り付き気配は
どちらに動くと思いますか？

とは、買い方はわざわざ今の気配５６２～５６３円で買わなくても、指値を下げていけばいくらでも安く買えることがわかっているのですから、あえて上で買う必要もないですよね？　今は呼び値が１円の銘柄なので注文が各価格に詰まっていますが、これが多少スプレッドの空いている銘柄だと、９時近くになってかなりの勢いで気配が下がっていくことも珍しくないです。売り方は「いくらでもいいから、とにかく寄り付きで売りたい」という事情をさらしているわけですから、安く寄っても仕方ないですよね。

　好材料が出たり、前日非常に強かったりで、当日も朝から買いが入っていても、こうやってみんなが手の内をさらしてしまえば、せっかくのＧＵ気配も無駄になったりしがちなので注意が必要です。

　そして、結構多いのが、朝、成行注文が出ていたのに、寄り付き前に取り消されるパターンです。この主な理由として、実際にそうしているという話をほかのトレーダーさんからよく聞くのですが、持ち越した人が翌朝の寝坊を恐れて、前日のうちに念のため成行注文を出しておいて朝になって取り消すから、というのが多いようです。これも朝まで出しておくくらいですから、スイング用などではなく、仮に寄りで売らなかったとしても、そう長くは引っ張れないであろう玉がそれだけあるとバレてしまうわけですから、あまり良いやり方とは言えません。何より、寝坊が怖いから注文を出しておくような甘い考えの人は、最初から持ち越しをしないほうがいいでしょう。逆に、寄り付き直前は別として、早い時間から出ている成り買い注文は、寄りそうな値段も見ずに買おうというわけですから、すぐにスキャルピングで売ろうというよりは、比較的腰の据わった買いである可能性が高いです。当然ながらこっちもあまり早くから出しておくと、思惑を悟られてしまいますが、腰が据わった買いであろうと思われること自体は、

買い方にとってはプラスになります。とはいえ、高く買わされる可能性が高いですから、出し時は考える必要があります。

もちろん先の例で言えば、注文を出している株数が１０００株程度なら、ほとんど影響はないでしょう。今回の例に限らず、こういう類の話をすると、「言っていることはわかるけど、これくらいの株数だったらほとんど影響ないからいいんじゃない？」と言われることが多いです。もちろん、現時点ではそうかもしれませんが、基本的にみんな勝つためにやっているわけですから、徐々に資産が増えていったときのことも視野に入れて行動しなければいけません。「増えてから考える」というのは、資産を増やそうとする人の考えとはいえません。常に先を見据えて、そのためには「今、どうすべきか」を考えながら行動しましょう。

少し話がそれてしまいましたが、寄り付き前は売買も成立せず、チャートも描けません。どうせ板を見るくらいしかできないのですから、せっかくなので、寄り付き前の板の動きからいろいろな情報を読み取り、その日の作戦を立てる癖をつけましょう。

今回の話のまとめ

寄り付き前の注文、特に成行注文は、仮に寄り付き直前に消えたとしても、需要としては残っているので、寄り付き後、すぐに再び出てくることが多い。

7 売りの出やすい価格、買いの入りやすい価格を意識しておく

　チャート派の人から見れば、移動平均線、新高値や新安値、ＶＷＡＰなど、買いや売りが入りやすい価格、買い方と売り方の攻防が盛んに行われそうな価格など、ある程度の予想がつくとは思いますが、そういった売りの出やすい価格や買いの入りやすい価格は、板読み視点にも存在します。そして板読みとはすなわち心理読みなのですから、その価格帯を認識しておくことはとても大切です。

　では、どういったところで、売り物が出やすいのか？　買いが入りやすいのか？　簡単に言うと、「しこりができた価格」で売り物が出やすく、「買いそびれて悔しい思いをした人が多い価格」に再び買いが入りやすくなります。１９７ページと１９８ページでそれぞれ具体的に見ていきましょう。

　まずは売りについてです。基本的には「とにかく少しでも損をしたくない」という大衆心理に従ったもので、さらにその参加者の性質を読むことも大切です。例えば、寄り付きの７５０円から一気に急落し特別売り気配になり、一度７２０円で寄り付いたが、再び下落し、７００円まで落ちた後、ようやくリバウンドが始まった。この場合は７２０円でリバウンド狙いで入った人たちのしこりが存在するので、７２０円付近になると、途端に売り物が湧いてくると思います（右ページの図５－７－１参照）。

　理由は２つ。ひとつは含み損のうちはカットしたくないけど、一度、含み損を見せられているので、チャラになったら喜んで逃げたいとい

◆5-7-1

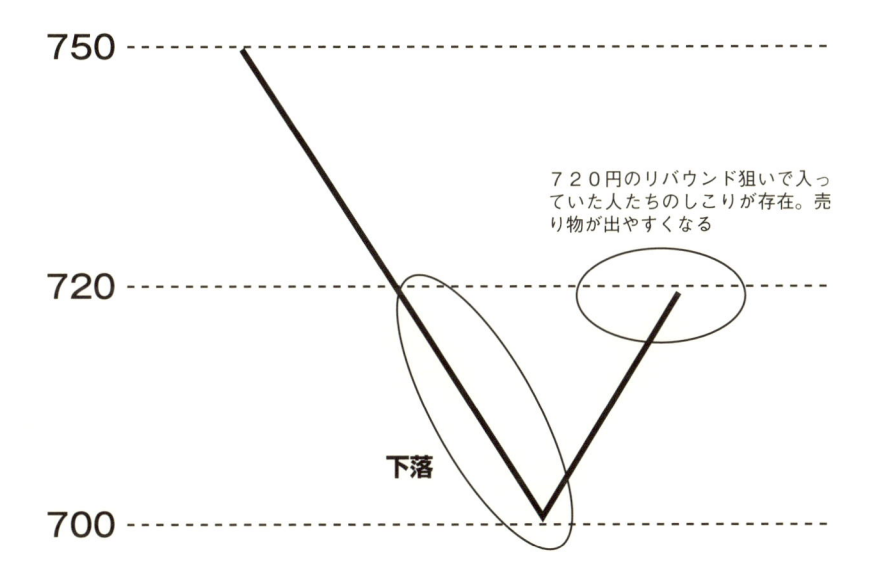

図中のラベル:
- 750
- 720
- 700
- 下落
- ７２０円のリバウンド狙いで入っていた人たちのしこりが存在。売り物が出やすくなる

う心理と、ここで買った人たちは、基本的にリバウンド狙いの短期資金だからです。スイングや中長期で買った人たちは、一瞬下に振られたからといってすぐに降りないですが、スキャルピング目的の場合、もともと短い時間軸でやっているうえに、多くの人にとって、プラスとマイナスの間に途方もない差があるので（２-１２でこのことについて話していますが、多くの方はできていません）、マイナスからトントンに切り替わった瞬間、「やっと逃げられる」という心理が働くのです。

　これは完全に心理読みだけの話なので、直接板を見なくてもわかる話ではあるのですが、板を見ておけば、７２０円でどれだけの出来高があったのかがわかりますから、そのしこりの株数もどれくらいか、ある程度は想像がつきます。もちろん、その価格の出来高すべてではないですが、しこっている分だけの出来高をこなしてはじめて、よう

やくそこからさらに上昇できるのです。

　板の動きからこういうしこりを判断するときは、基本的に「やられた」と思わされる玉、自分で買いに行ったというよりは、「買わされた」と思わされる玉が、それに当たります（図５－７－２）。典型的なのは、盛り上がっているところに、一気に大量の売りをぶつけられて買わされた場合ですね。

　図５－７－２はいわゆるブレイク騙し的な動きです。３００円の売り板を食ってすぐのときは割とみんな警戒しているのですが、３０１円も食って、３００円も固めて安心した矢先の売りです。

　この場合、３００円の食われ方にもよりますが、３０１円、３００円で買った人は、「よし！　買えた」というよりは、「しまった！　買わされた」という思いが強く、こういった玉はしこりになりやすいです。すぐにまた３００円を取りにいってくれた場合はあまり問題ないですが、一旦、２９７円あたりまで下がって、再び３００円、３０１円まで戻ってきたときには、「なんとか同値で逃げたい」という思いが強くなっているはずです。歩み値などを見て、このしこり玉の株数がどれくらいあるのかを意識しておくと、２度目以降のブレイクのときに、どの程度の出来高をこなせばよいのかの目安になります。

　逆に、買いが入りやすいのは、「買いたかったのに、買わせてもらえなかった」価格に再び戻ってきたときです。これも１９８ページで紹介する図５－７－３を参考に説明しましょう。

　図５－７－３もやはり３００円でのブレイクですが、今回は２９８円、２９９円の買い板も薄く、まだこの価格での出来高もほとんどない状態で特に激しい攻防もなく、まだ買い方は「様子見かな？」といった状態からの大口の一気買いによるブレイク！　様子を見ながらブレ

◆5-7-2

売り		買い
29000	**303**	
32000	**302**	
22000	**301**	
124000	**300**	
	299	29000
	298	34000
	297	35000

⬇

売り		買い
29000	**303**	
32000	**302**	
	301	23000
	300	51000
	299	29000
	298	34000
	297	35000

> ようやく節目の300円も本格的にブレイク。騙しもなかったと安心していたら‥

⬇

売り		買い
29000	**303**	
32000	**302**	
12000	**301**	
30000	**300**	
	299	29000
	298	34000
	297	35000

> 301円の買いも固まって安心した矢先に、一気に売り崩し

◆5-7-3

売り		買い
29000	**303**	
32000	**302**	
22000	**301**	
144000	**300**	
	299	9000
	298	14000
	297	35000

> 298円、299円の出来高も細く、300円ブレイクは厳しそう

↓

売り		買い
29000	**303**	
32000	**302**	
22000	**301**	
	300	76000
	299	9000
	298	14000
	297	35000

> まだ300円のトライは先かなと思っていたら、いきなり大口が一気に持って行ってしまった！

イクしそうだったら、299円か300円あたりを買おうと思っていた人は多いでしょうから、ほとんど誰も買えていない状態で、この銘柄を見ていた多くの人が、「しまった！ 買いたかった！」と思うような場面です。貸借銘柄だったら、そう簡単にブレイクはしないだろうと思って、300円手前で空売りを入れていた人も、ちょっと焦る展開です。

この場合、先ほどのしこりと逆に、一旦上昇した後に押した場合、300円なら買いたかったという記憶が残っているので、比較的買いが入りやすくなります。

このように板読みとは、常に参加者の心理を考えることが大切です。私は常に板読みとは心理読みだと言っていますが、心理読みである以上は、チャートからはわからない投資家心理を読み取る努力をしなければなりません。もちろん、ここで書いた例は典型的な例ですので、いつもそうなるとは限りませんが、自分がここで買った場合、売った場合どう感じるか、そしてその場合、次の一手はどうするのかを常に考えながら取引をすることが、板読みトレードを攻略する最初の一歩となります。

今回の話のまとめ

しこりができたと思われる価格を覚えておくこと。それによって売りが出やすい価格、買いが出やすい価格を、前もって予測することができる。

8　小分けに注文か、まとめて注文か

　皆さんはあるまとまった株数が欲しい（売りたい）とき、一度にまとめて注文し、一気に買い（売り）ますか？　それとも、小分けにして少しずつ買い（売り）ますか？
　１３２ページ（3－4）でお話ししたトレードスタイルにもよりますが、私の知る限り、ほとんど毎回一度、せいぜい２～３回程度に分けてポジションを作る（外す）方が多いようです。ちなみに、私は小分けにすることが多いです。

　次ページの板（図５－８－１）を例に考えてみましょう。仮に１０万株買いたい（売りたい）とします。ここで一気に２５６円で１０万株の買い注文を入れた場合は、**図５－８－２**のようになり、大口買いをアピールはできるものの、逆にそのことがアダとなって（売り方に警戒されて）、残りの７万６０００株はなかなか売ってもらえないかもしれません。もし買えたら買えたで、それは売りを被せられたことになりますから状況はあまりよくありません。いずれにせよ微妙な感じです。

　ところが、今のこのような板配置のときは、１５６ページ（4－3）でお話ししたとおり、先頭指値の板がほかと比べて薄い場合は、売り手と買い手の思惑が交錯し、その価格での売買が盛んに行われやすいので、一度の注文を２万株程度に抑えれば、一度に買う場合と比べると、２５６円で１０万株すべて集められる可能性が比較的高くなります。ただし、買うときにインパクトを与えられないという欠点はあります。

◆5-8-1

売り		買い
185000	**259**	
155000	**258**	
174000	**257**	
24000	**256**	
	255	146000
	254	133000
	253	96000
	252	202000

◆5-8-2

売り		買い
185000	**259**	
155000	**258**	
174000	**257**	
	256	76000
	255	146000
	254	133000
	253	96000
	252	202000

図５－８－２でそのまま買い注文が取り残されても、それはそれで最初に買えた分だけでも利が乗るわけですし、インパクトのことも含めると、買うときには、小分けにするメリットもあれば、デメリットもあるといえます。

　この差が大きくつくのは売るときです。図５－８－１の状態のときに図５－８－３のように、一度に１０万株の売り注文を出した場合、どうなるのかというと、一気に雰囲気が悪くなり、下手すると１株も売れないまま下落してしまいます。

◆５－８－３

売り		買い
185000	259	
155000	258	
174000	257	
124000	256	
	255	146000
	254	133000
	253	96000
	252	202000

一気に10万株の注文（２４０００＋１０００００）はインパクトが強い。下手をすると、雰囲気が悪くなって、２５６円で売れない可能性もある。だから、ここで１～２万株ずつ小分けにすると２５６円で売れやすくなる

　ところが、やはり１５６ページでお話しした「板が薄いところは取られやすい」という性質を生かして、板が厚くならないように気をつけながら、１～２万株ずつ小分けにして売りの注文を出せば、比較的容易に２５６円で売り切れることが多いのです。ここで大切なのは、

決して焦ってロットを大きめにしたり、売り注文を立て続けに出したりして、売り需要が多いことを悟られないようにすることです。基本的に、手の内をさらけ出しても良いことはないので、すでにある程度玉を持っていて、「まだまだ買ってやるぞ（売り叩いてやるぞ）」とアピールしたいのでなければ、極力、手の内は見せないに越したことはありません。

よく聞く話のひとつに「小分けにすればよいような気がするけど、注文を分けると手数料が……」があります。でも、手数料よりも期待値のほうがはるかに上なのですから、こういう丁寧な取引も覚えていきたいですね。

もし一度の注文で売買したいのであれば、もちろん板のサイズにもよりますが、基本的には買いはアップティック、売りはダウンティックにぶつけるほうが、色気を出して指値で待って置いていかれるよりは、よほど良いと思います。

今回の話のまとめ

大口注文と、複数の小口注文では、与える印象の大きさは全然違う。状況に応じて使い分けること。

9 自分で相場を冷やさない

　これは、自分がその銘柄に対してある程度の大口である人、そして比較的ボラティリティが高い銘柄や、お祭り銘柄などを好んでよくやる人に向けたお話です。「自分の売買で相場を冷やさない」ということを意識したことはあるでしょうか？
　どんなに盛り上がっている銘柄、注目を浴びている銘柄も、当然ながらいつかはその盛り上がりも収まり、徐々にボラティリティが失われます。時間の経過とともに徐々に盛り下がっていくというパターンもありますが、ある売りがきっかけで、大量にしこりができてしまい、一気にマインドが低下して盛り下がる場合も多々あります。そして、できれば「そのきっかけを自分で作らないほうがいいのでは？」と私は思います。

　具体的に、どういったときに一気に冷めるかは後述しますが、要するに盛り上がっているところに水を注す行為は雰囲気を悪くします。確かに、過熱感があるところは出来高もボラティリティも、大きくなっていてチャンスが多いのですが、自分はもうここで降りるからと一気に盛り下がってしまうような売り方をすると、その銘柄での売買機会を自分で減らしてしまうことになりかねないことを頭の隅に入れておいてください。もし自分が、相場を崩さないように丁寧に少しずつポジションをさばいていれば、まだまだ盛り上がりが続いて、今後も収益機会があったかもしれないのに、乱暴な売り方をしたせいで、全体の空気が悪くなり、一気に商いも細くなってしまい、もうその銘柄に触ることができなくなってしまったというのでは、少しもったいない気がしませんか？

もちろん、ある程度以上のロットを入れられる人にとって、うまく売り抜けられる機会はそう多くないでしょうから、次に訪れるかどうかもわからない機会よりも、今確実に利益を確保するという選択肢も正しいと思います。ただ、私が板を見てきた限りでいうと、「わざわざそこでなくても、いくらでも機会はあったのに……」と思われる売りが存在するのも確かなのです（もちろん、貸借銘柄などは、冷やすのが目的といった場合もありますし、むしろ狙ってそうする場合もあるでしょうけど）。

　さて、以下にマインドが一気に低下する典型的な例を挙げてみます。基本的には「よし、これでここから一気に上がるぞ！」と盛り上がった瞬間に、それを叩き壊すような売り方です。

【典型例：ブレイクしたところを、大きな売りで叩きつける】
　これは非常によく見るパターンです（２０７ページの図５−９参照）。その日の高値だったり、値段的にキリのいい節目だったりで、売り板が厚くなっているところをようやくブレイクしたと思った矢先に、また大量の売りが降ってきて、心を折られる形です。ここは売り方から見れば潰しておきたいところですし、大量のポジションを抱えている人にとっても、瞬間的に出来高が増えたり、板が厚くなったりしやすいので、確かに売り抜けやすいポイントではあります。

　このパターンに関しては、貸借銘柄の場合は売り方としても必死で守らなければいけないラインですし、それでなくてもブレイク騙しは非常に多いので「誰かに売られるくらいなら自分が……」という気持ちもわからなくはないです。もし、この銘柄が非貸借で、一旦売り抜けた後も再びこの銘柄を監視しようと思っているなら、仮に１５００

円で３万株売りたいのだと考えているのであれば、半分くらいは最初から１５００円に指しておいてもさほど影響ないでしょうし、ブレイクした後も様子を見ながら５０００株ずつくらい小分けにして売れば、必要以上に雰囲気を壊さずにすむでしょうね。

　最もよくないのは、**図５－９**の①の板配置のときに、１４９９円～１５００円を３万株ほど一気に買って提灯をつかせ、ブレイクしたところ（**図５－９**の②のような配置になったところ）で、今買った３万株を即ぶつけ、０.５ティック程度の鞘を抜くというやり方です。このやり方は実は勝率がそこそこ高くはあるのですが、提灯がつかなかった場合の損失が非常に大きいこと、それに対して利確できる値幅が非常に小さいこと、そしてわざわざ、もともとポジションがあったわけでもないのに、相場を潰しかねない取引を積極的に行うという意味で、正直、もったいないなと思います。もちろん、これくらいではびくともしない銘柄も多々ありますが、個人しかやらないような銘柄で、こういったことを何度も繰り返していると、みんな疑心暗鬼になって誰も上値を取りに行かなくなってしまいます。

　ほかにも、寄り引け前後の注文も、やり方によっては雰囲気を壊してしまいかねません。
　これも基本的な考え方は同じで、一番盛り上がった瞬間に大きな売りをぶつけてしまうと、雰囲気を壊してしまうというものです。

　よく見かけるのが、ストップ高買い気配で、がっちり張り付いていたものが、引けになっていきなり大量の売りが出て、嫌な感じで終わるパターンです。売りに出た株数にもよりますが、比例配分で買えてしまった人たちが、不安になって翌日寄りから売りに出してしまうので、せっかくストップ高で張り付くほどの盛り上がりを見せていたのに、翌朝から一気に雰囲気が悪くなってしまいます。

◆5−9

①

売り		買い
4300	1502	
3200	1501	
72300	1500	
3300	1499	
	1498	5500
	1497	6100
	1496	3400

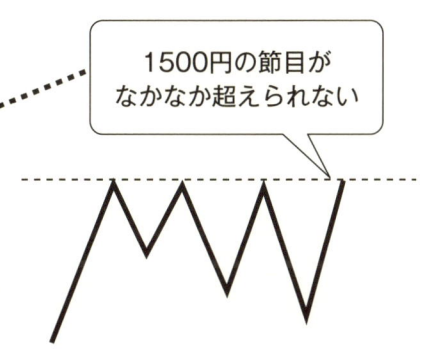

1500円の節目がなかなか超えられない

②

売り		買い
4500	1504	
1900	1503	
4300	1502	
	1501	2300
	1500	15100
	1499	6000
	1498	5500

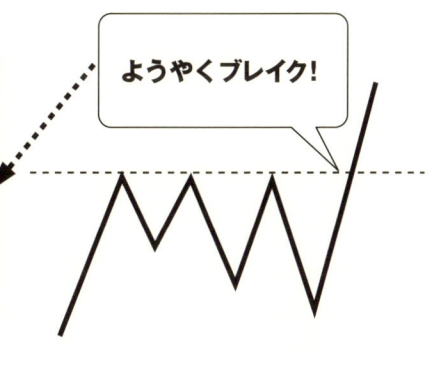

ようやくブレイク！

③

売り		買い
1900	1503	
4300	1502	
1200	1501	
13300	1500	
	1499	6000
	1498	5500
	1497	6100

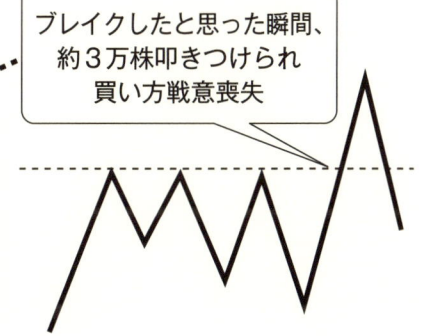

ブレイクしたと思った瞬間、約3万株叩きつけられ買い方戦意喪失

もちろん、ストップ高で張り付いていると、引け間際には比例配分狙いの買いが集まるので、とんでもなく大きなポジションを抱えている人にとっては、またとない売り抜けるチャンスだったりします。もちろん、その場合はしょうがないかなとも思いますし、事情もよくわかるのですが、問題は中途半端な株数の場合ですね。「なぜ、わざわざそのタイミングで？」と言いたくなるような売りも本当によく見かけます。例えば、ストップ高買い気配で、差し引き１０万株ほどの買い越しでずっと張り付いていて、引け間際にそれが５０万株になったとします。もし５０万株のポジションを抱えていて、売り抜けるチャンスを探していたのなら、そこはもしかしたらまたとないチャンスかもしれませんが、もし１０万株程度なら、わざわざ引けまで待つ理由がよくわかりません。それくらいなら一旦崩れても、また持ち直す可能性も十分高いですし、何よりただ売りたいだけなら、１０万株買いがたまった時点で売ったほうがより確実ですしね。こういう「一体誰が得するのだろう？」という売りが、非貸借銘柄で出た場合は、「一旦下げたところをまた仕込み直したいがためのふるい落としなのかな？」と、つい深読みしてしまいますが、大抵はその後も何も起こらないですね（笑）。

　ストップ高でなくても、その日盛り上がった銘柄がピン引け（その日の最高値で引けること）すると、翌日も盛り上がりが大いに期待できますが、やはりわざわざ引け成りで大量に売りを出して引け値を下げたり、引け数秒前に大量の成り売りを出したりして、わざわざ雰囲気を壊して引けさせることもよく見かけます。こういう手を見ると、「ほんの少しの手間を惜しまなければ、おそらくそんな乱暴な売り方をするよりもいくらか高値で売れ、しかも、翌日以降も盛り上がりが期待でき、売買機会も増えるはずなのに……」と思ってしまいます。目先のことだけでなく、その先のことにも常に目を向けるようにした

いですね。

　ここで書いたお話は、ほかの話題に比べたら重要度は比較的低いかもしれませんが、自分の資産が大きくなるにつれ、自分が相場に与える影響を無視できなくなってくるので、少なくとも頭の隅くらいには入れておいてください。もちろん、これらの話は、主に非貸借銘柄でのお話です。貸借銘柄で、雰囲気を崩したいという意図があるのなら、この限りではありません。

　また逆に、雰囲気がものすごく悪い銘柄でも、引け間際にある程度の買いを入れることによって注目を浴び、翌日以降ガラっと雰囲気を良くすることも大いに可能であることも覚えておいてください。

今回の話のまとめ

一度雰囲気が悪くなってしまった銘柄は、再び盛り上がるようになるまで時間がかかることが多い。自分で相場を冷やしてしまった結果、今後の売買チャンスを失ってしまう可能性があると、肝に銘じておくこと。

第6章

小技紹介

　この章では、知っておくといざというときに役に立つ、ちょっとした小技を紹介します。「知らないと損をする」というよりは、「知っておくと得することがある」程度のものですが、ほんの小さな優位性が、大きな結果の違いにつながることも多々ありますし、常に何かないかと目を光らせておくのはとても良いことです。そうすることで、こういった小技が身に付き、それがいずれ大きな収支の差になったりするのですから。

1 両建て

　これは実践している方も多いと思いますが、余力を使うこと以外に、デメリットらしいデメリットもなく、意外にメリットが多いです。そのメリットを皆さんは生かしきれていますか？

　両建てについて簡単に説明しておくと、「同じ銘柄の、同数の買いポジション、売りポジションを持っておくこと」で、建て単価は特に同じである必要はありません。例えば、ある貸借銘柄を３５０円で５０００株買い建てして３５２円で利確したとします。このときに３５２円で返済注文を入れるのではなく、新規で空売り注文を５０００株入れるのです。そうすると、３５０円の買いポジション、３５２円の売りポジションがそれぞれ５０００株、出来上がります。これを両建てと言います。同数の買いポジションと、売りポジションがあるので、今後、株価がどう変化しようとも、損益には変化がありません。この例で言えば、常に含み損益は両方のポジションを合わせてプラス１万円です。

　もちろん、ただ目的もなく両建てを作っても、信用余力を２倍使うだけで、メリットはありません。そこでこの両建てをどう生かすのかについて、主に３つの場面を紹介します。

①新規売り建て禁止（売り禁）が入った後でも、空売りと同じように売りから入れる

　これはかなりのメリットといえます。貸借倍率が高くなってきたら、「売り」を意識して狙いたいと思う人も多いでしょう。両建てを作る

大半の目的は、これだったりします。

　本来、売り禁が入ると、新規に空売りはできないのですが、あらかじめ両建てを作っておき、買いポジションを外すことで、空売りと同様の効果を得ることができるのです。例えば、357円で買いポジションを外し、354円で再び買いポジションを建てれば、5000株を357円で空売りし、354円で買い戻したのと同等の効果を得られます。ここまでは皆さんよくやっていると思います。

②空売り規制に引っ掛からないようにする（時間）

　ここからは意外と意識している方が少ないようですが、これもかなりのメリットです。空売りには50単位規制というものがあり、合計50単位以上の空売りを、5分以内に続けてダウンティックにぶつけてはいけない（180ページで先述したように自主規制のようで、証券会社によっては、15分と定めているところもあります）ことになっています。したがって、もし両建てがなかったら、先ほどの銘柄を352円で5000株空売りし、350円で買い戻した場合（この銘柄は100株単位で、まだ売り禁になっていないものとします）、またすぐに空売りで取れそうなチャンスが来て349円で空売りしようとしても、352円で空売りしてから5分経っていない場合は空売り規制に引っ掛かってしまいます。ところが「①」の例のように、両建てを作っておいて、買いポジションを352円で外し、再び350円で買いポジションを建てただけなら、空売りは一切行っていないので、またすぐに349円で買いポジションを外すことも可能なのです。

　スイング気味に取引する人は、5分なんてあっという間だし、そんなに短期間で何度も売買しないという方も多いでしょう。しかし、スキャルピングの方は、この空売り規制が邪魔で収益チャンスを逃した

ことも多々あるでしょう。そういうときに両建てが便利です。この例ではあらかじめ両建てを作っていますが、別に最初から用意しておく必要はありません。最初に空売りで入ったら、それを買い戻すのではなく、新規に買い建てて両建てを作れば、以降、その買いポジションを外して空売りのように売買するだけですみます。

③空売り規制に引っ掛からないようにする（株数）

　これも先ほどと同様の考え方です。5分以内に何度も空売りをしたい場面もあれば、一度に何百単位も空売りを仕掛けたい場面もあるでしょう。そういうときにも両建てが役に立ちます。やり方は簡単です。あらかじめ両建てを、5000株でなく、2万株、3万株と、必要な分を用意しておくだけです。そうすれば、その買いポジションを一気に外すことで、2万株、3万株の空売りを仕掛けたのと同様の効果が得られます。空売りがメインの人はぜひ知っておきたいやり方ですよね。とはいえ、あまり多くの両建てを作りすぎると、余力の拘束や金利などの諸経費が掛かるので注意が必要になります。

今回の話のまとめ

両建てをうまく使うことで、空売りに関するさまざまな規制を回避できる。有効に使うこと。ただし、余力の拘束や金利などの諸経費には注意すること。

2　余力の繰り越し

「いつも後場になると余力が足りない！　もっと余力があればいいのに」
「昨日は余力をたくさん持っていたのに、今日は全然足りないや。使わなかった余力を次の日に持ち越せたらいいのに」

　そう思ったことはありませんか？　できますよ。ただし条件付きなので「どうしても……」という方に「こんなやり方も一応あるよ」といった程度のお話ではありますが。

　それはやっぱり「両建て」です。ただし、「翌日にデイトレするであろう銘柄の両建て」に限ります。どういうことかと言うと、信用余力は、当日ポジションを建てたときは、その建て金額分だけ消費し、当日返済しても元に戻りません。ところが、信用のポジションを持ち越していた場合、それを返済したときに、その建て金額分の余力が回復するのです。少しわかりにくいかもしれませんね。例を挙げてみましょう。

　例えば証券口座に１０００万円入っていて、新規建て余力を３０００万円とします（この金額は証券会社の委託保証金率によって変わります）。持ち越しをしない場合は、前日に余力を使い切ろうが、すべて残そうが、翌日はまた３０００万円からのスタートです。ところが、ある銘柄を両建てで３００万円分ずつ、計６００万円分の建て玉を持ち越した場合、次の日の余力は、２４００万円からのスタートになります。ところが、この余力は、建て玉を返済したときに、そ

215

の分だけ回復します。つまり、持ち越した両建てを決済した時点で、３０００万円に戻るわけです。お気づきになりましたか？ ならば新規買い→返済売り（新規売り→返済買い）でデイトレをする代わりに、持ち越した両建てを使い、返済買い→返済売り（返済売り→返済買い）でデイトレをするのです。すると、本来ならば３００万円の新規建て→返済でデイトレをした場合、信用余力は残り２７００万円になっているはずなのに、持ち越しの両建てを利用した場合は、同じ３００万円分のデイトレをして、まだ３０００万円分の余力が残っているのです。これが「余力の繰り越し」です。

　ただ、デメリットもそれなりにあります。まずは金利、手数料といった諸経費が余分にかかること、そして、翌日にその銘柄をデイトレすることを見越したポジション建てになるので、もし翌日にその銘柄に触らなかった場合、まったくの無駄になってしまうのです。
　以上を踏まえると、使う機会はかなり限られると思いますが、用事があってその日のトレードを休んだので余力がたっぷりと残っている日や、翌日も必ず盛り上がりが期待できるであろう銘柄がある場合は、試しに作っておくのもおもしろいかもしれませんね。

今回の話のまとめ

両建てをうまく使えば、翌日に余力を持ち越したかのような使い方をすることも可能。ただし、諸経費（金利や手数料など）が掛かるので、それをするだけのメリットがあるのか十分に考慮すること。

第7章

実際のトレード紹介

　この章では、実際に私が行ったトレードを、そのときの板の動きとともに、できる限り詳しく解説していきたいと思います。板の配置は、実際に取引をしたときに録画をしたものをキャプチャーし、再現しています。時間軸が長めのもの、短いものを扱い、勝ったトレードと負けたトレードについて、それぞれなるべく違った根拠で入った取引を4パターン紹介しています。

　ここで大事なのは実際に何円で買って何円で売ったかではなく、そのときにどう考え、どう判断したかになります。学習という視点からも、板読み＝心理読みという意味からも、「考える」ということは必要不可欠です。静止画なので多少情報が少ないかもしれませんが、皆さんも一緒に私の取引を見ながら「自分だったらどうするか」を考えてみてください。

1 板読みによるスキャルピング 〜ミニッツトレード〜

　今回のトレードは、私のメインの取引スタイルです。一手一手の板の動きを重要視し、短い時間の板読みで、２〜３手先を予想して売買しています。読みにかける時間も、売買が完結するまでの時間も短く、数十秒〜数分程度で売買が完結するので、私はミニッツトレードと呼んでいます。

【事例紹介】
　銘柄は富士重工（７２７０）で、２０１０年２月４日の取引です。この頃は決算シーズンで、富士重工もこの日の１１時に決算発表でした。内容が良くなかったのか、それを受け後場は特売りスタートでした（決算内容は見ていません）。前場引けが４５０円に対し、後場寄り４３６円スタートです。ちなみに、この値段というのも、どれくらいのＧＤ（ギャップダウン）幅かはボラティリティの大きさの目安になるので、多少気にしますが、チャートを見て売買するわけではないので値段自体は特に気にしません。参考までに当日の５分足を張り付けておきますが、取引中はまったく見ていません（図７－１－１）。

　特売りからの寄り付き直後は、勢いを見るため、買い注文と売り注文をそれぞれ用意して監視していたところ（寄った瞬間の板は録画が間に合いませんでした。すいません）、寄ってから一応軽くリバウンドが入り、４３８円はつけたものの、その割に買いが続かず、早々に寄りで買ったと思われる人たちの細かな利確売りが出て、買い方にとっては少々鬱陶しいだろうなと思われる展開でした。
　板配置的にも、売りのほうが厚く、大きな板を出したり、取りに行っ

◆図7-1-1　富士重工（7270）　5分足

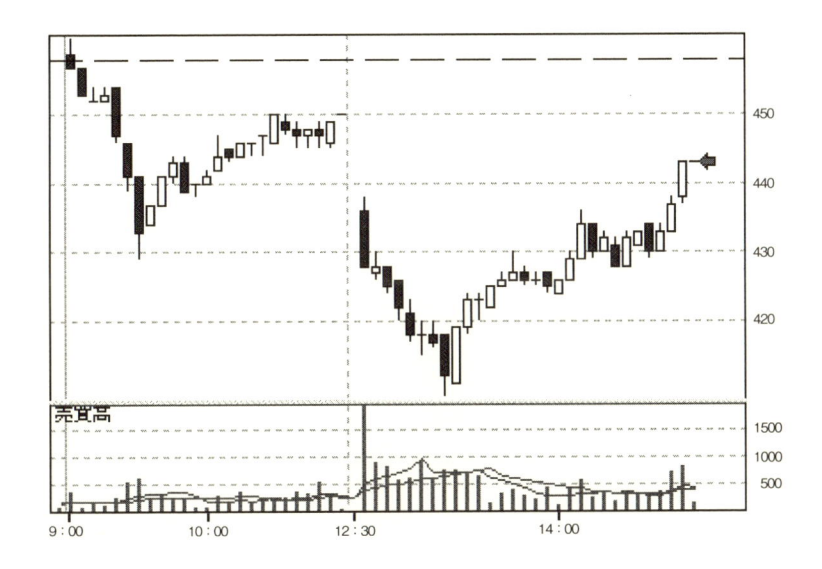

◆図7-1-2

売	価格	買		歩み値		
	成行		時刻	価格	約出来	
3000	442		12:37	437	5000	
15000	441		12:37	438	2000	
93000	440		12:37	437	1000	
82000	439		12:36	437	2000	
34000 ・	438		12:36	437	3000	
現値　↓	437		12:36	438	1000	
	437 ・	10000	12:36	437	2000	
	436	35000	12:36	437	5000	
	435	29000	12:36	437	5000	
	434	17000	12:36	436	2000	
	433	11000	12:36	437	20000	
			12:36	437	5000	

（注）
白抜き文字は前回の約定と比べて高値での売買成立
薄いグレーは前回の約定と比べて安値での売買成立
黒は前回の約定と同値での売買成立

たりする買い方もおらず、売り方としてはまだ精神的に余裕があります。対して４３６円で買った買い方は、含み益にもかかわらず、４３８円で売るのは厳しそうな配置になってきたし、買い板も薄いので、あっという間に含み損に転落しかねない状況なので、おそらく逃げ足は速いだろうと、図７−１−２のときにとりあえず４３７円で１万株打診売りし、すぐに４３７円でもう１万株売り注文を出しましたがそちらは約定しそうになかったので、図７−１−３のときに４３６円でさらに１万株空売りしました。

　すると期待通り、４３６円を割った途端一気に崩れました。まだ下に振れる可能性も十分ありますが、この程度の短い時間で判断した読みですし、もともとあまり時間軸を長く設定しておらずリバウンド買いの人たち相手に読んでいたので、図７−１−４のときに４３３円で返済注文を入れすべて利確。１分ほどで７万円の利益になりました。５分足を見てもらえばわかるように、結果、戻しかけるも、その後もだらだらと値段を下げていきましたが、自分が読んだのはリバウンド狙いの買いが投げるであろうというところまでなので、その先の動きがどうなろうと関係ありません。

【今回の取引のポイント】
　ここで今回の取引のポイントを整理します。まず今回は特売り直後の寄り付き価格「４３６円」を基準と考えた点。普段、場中のスキャルピングではこういった基準価格はなかなか設定しにくいかもしれませんが、今回のように出来高の多い価格、変化のあった価格、しこりのできた価格など、どこか基準となる価格を設定すること（１５６ページの４−３参照）で心理を読みやすくなります。今回はリバウンド狙いで買った人たちを相手に設定しました。

◆図7－1－3

売	価格	買
	成行	
15000	441	
76000	440	
70000	439	
33000	438	
30000・	437	
現値　↓	**436**	
	436・	32000
	435	35000
	434	35000
	433	11000
	432	31000

歩み値		
時刻	価格	約出来
12:37	436	1000
12:37	436	5000
12:37	437	5000
12:37	438	1000
12:37	438	2000
12:37	437	2000
12:37	437	1000
12:37	437	10000
12:37	438	1000
12:37	437	5000
12:37	438	2000
12:37	437	1000

◆図7－1－4

売	価格	買
	成行	
31000	438	
24000	437	
36000	436	
74000	435	
79000・	434	
現値　↑	**434**	
	433・	3000
	432	39000
	431	78000
	430	56000
	429	17000

歩み値		
時刻	価格	約出来
12:37	434	3000
12:37	433	21000
12:37	434	9000
12:37	435	6000
12:37	435	1000
12:37	435	1000
12:37	435	18000
12:37	436	24000
12:37	435	4000
12:37	436	9000
12:37	436	2000
12:37	436	1000

崩れると判断した根拠は２つです。ひとつは、４３６円を基準に考えると、すぐに含み益になって本来であれば気持ちに余裕があるにもかかわらず買いが続かず、「強くないのは弱いということ（１８４ページ）」でお話ししたとおり、ここで買いが入らないようでは厳しいなという点です。もうひとつは、わずか２ティックで含み益から含み損ラインに切り替わるため、「２-１２　取得単価を気にしない（１１１ページ）」でお話ししたとおり、含み益から含み損に切り替わるラインは大衆心理的に売りが出やすいので「売りの方に分がある」と判断したことです。

　今回は最初の空売りを入れたところからすぐに下がってくれましたが、カットすべきラインは「自分の取引、考えに一貫性を持たせる（６０ページ）」でお話ししたとおり、入った根拠が崩れたときです。今回の判断根拠は上述したとおりなので、強めの買いが入ったら即カットですし、４３６円を割っても売りが加速しないようであれば、その時点で降りるべきです。

　いつも基準価格を設定するわけではありませんが、基本的にはこのように買い方、売り方心理を推測しながら、理詰めで２手、３手先を読んでスキャルピングするのが私のメインの取引となります。それ以上に値幅を狙う場合は、その分、板読みにかける時間も必要になります。さすがに１〜２分の動きを見ただけで、その後何十分もの動きを予想できるはずがありませんからね。

　大切なのは、判断基準が板読みであれ、チャートであれ、本質的なことは同じです。希望的観測で判断せず、客観的に動くこと。そして必ず自分の判断根拠を明確にし、取引に一貫性を持たせることです。あとは、何となく見ていても見えてくるものではないので、「もし自

分がここで買ったとしたら、その後の動きでどう感じるだろう？」「今回はこの値段で入ったからこう感じたけど、もう２ティック上で買っていたら、どう感じただろうか？」と、いろいろな立場からの視点で、その人の心理を考えてみる癖をつけるようにすると、徐々に見えてくるようになると思います。

今回の話のまとめ

基準となる価格を決めることで（今回は特売り後の寄り付き価格４３６円）短期的な心理読みがしやすくなる。２〜３手分しか読んでいないのだから、その後の動きを見て欲張らないこと。

2 心理読みメインのトレード

 次に紹介するのは、直接の板読み以外の部分での、心理読みに重きを置いたトレードです。１９４ページの５-７のように買いが入りやすい心理が働く価格を仮定し、それを元に板読みを進めていきました。

【事例紹介】
 右の図７-２-１のチャートは、ＪＣＯＭ（４８１７）における、２０１０年２月２日～３日の、２日分の５分足です。私はチャートはほとんど見ないので、このときもチャートを元に売買したわけではありませんが、説明のために用意しました。

 まずは２日の後場の動きを見ていただくと、急に出来高を伴った大陽線を引いて大きく上昇しています。後にＴＯＢの期待が高まったため、それを期待した買いとのコメントがありましたが、この時は開示も特になく、理由はわかりませんでした。

 そして、引け近くになって一気に値が崩れたのですが、非貸借銘柄にもかかわらず、売りの見せ板ともとれる不自然な板が出ており、不思議に思って見ていたところ、９万３０００円付近で一旦止まり、引け数秒前に５０００枚ほどの「成り行き買い」と思われる買いが入り、９万６８００円買い気配のまま終了（チャート中のＡの下髭部分）。５０００枚は板の厚さ的にあまりにも巨大で（１ティックあたりの板が平均数十株程度）、恐らく最初から買い気配で引けさせるのが目的と思われる、強烈な仕掛けを匂わせる引け方でした。

◆図7−2−1　JCOM（4817）　5分足

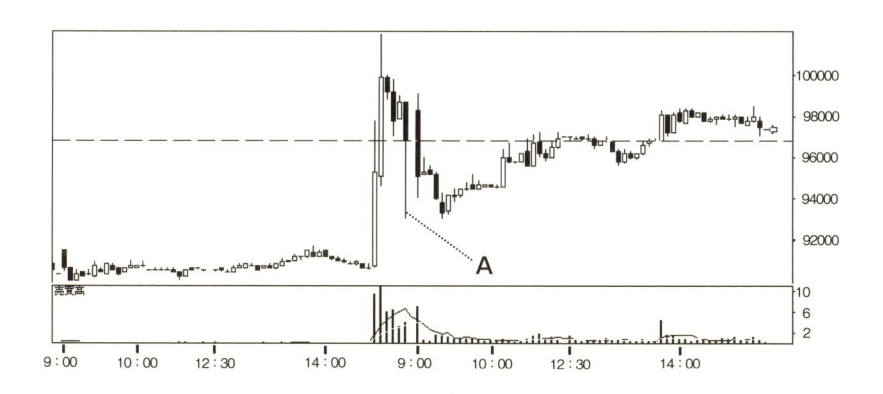

◆図7−2−2

売	価格	買	歩み値		
			時刻	価格	約出来
4	累計件数	1	09:27	93500	1
15	最良指値	29	09:27	93600	1
	成行		09:27	93600	1
33	94600		09:27	93700	5
12	94500		09:27	93600	1
6	94200		09:27	93700	1
3	94100		09:27	93600	1
1	94000		09:27	93600	1
2	93900		09:27	93600	25
1	93800		09:27	93500	1
15・	93700		09:27	93500	5
現値　↓	93500		09:27	93500	50
	93500・	29	09:27	93500	1
	93400	101	09:27	93400	1
	93200	3			
	93100	83			
	93000	108			

225

それを受けて2日のPTSも高値で推移し、2月3日の寄り付きもギャップアップ（GU）で始まったのですが、期待感だけが高まり誰もその後に続かなかったのか、あっけなく9万3000円まで下落しました。私も持ち越しと、寄りで買った分は一旦カットしたのですが、この銘柄は昨日（2月2日）のこともあって、心理的な駆け引きがおもしろそうだったので、チャンスがないかじっと見ていました。今日の急落が止まり、一旦、リバウンドが入ったのも昨日の引け間際にリバウンドが入ったのと同じ9万3000円だったこと、さらにそこからの動きを見ていると、9万3000円台は売り物が出てもすぐに買いが入ることから、昨日仕掛けたのと同一人物が買っている、もしくは「昨日の仕掛けが再び同じ値段で入ってくるのではないか」と期待した買いが入っている可能性が高いと仮定しました。そして、一旦、仕掛けが入ると提灯もつきやすいし、少なくとも今は9万3000円付近は買われているので、カットラインもはっきりしているし（9万3000円を割ったらカット）、様子を見つつ参加することにしました。

　本当は9万3000円前半で仕込みたかったのですが、既に9万3000円は固まりつつあったので、板の動きに合わせ、9万3000台後半を少しずつ仕込みます（225ページの図7−2−2）。

　9万3000円付近まで落ちたらさらに買い増しする予定だったので、少し余裕を持って、平均9万3700円で70株ほど持って様子を見ていたのですが、売り物も少ないけど、積極的に買いに行く人もいないので、昨日とは別に個人が買っているだけかなと、図7−2−3のときに一旦、売りを9万4600円にぶつけてみます。崩れたら崩れたで、また下の値段で買い直せばいいですしね。

◆図7-2-3

売	価格	買	時刻	価格	約出来
10	累計件数	2	09:42	94700	3
23	最良指値	53	09:42	94600	18
	成行		09:42	94600	75
8	95500		09:42	94600	27
1	95400		09:42	94700	1
33	95200		09:42	94600	1
8	95100		09:42	94600	1
116	95000		09:42	94600	1
108	94900		09:42	94600	1
29	94800		09:42	94600	1
23 ·	94700		09:42	94600	3
現値 ↑	**94700**		09:42	94600	97
	94600 ·	53	09:42	94700	3
	94400	8	09:41	94600	1
	94300	50	09:41	94600	1
	94200	12	09:41	94600	1
	94100	12	09:41	94600	1
	94000	48	09:41	94600	1
	93900	20	09:41	94600	1
	93800	13			

◆図7-2-4

売	価格	買	時刻	価格	約出来
11	累計件数	3	09:43	94600	1
33	最良指値	54	09:43	94600	1
	成行		09:43	94600	1
8	95500		09:43	94600	1
1	95400		09:43	94600	1
26	95200		09:43	94600	1
8	95100		09:43	94600	2
130	95000		09:43	94600	1
108	94900		09:43	94600	1
96	94800		09:43	94600	10
33 ·	94700		09:43	94600	38
現値 ↑	**94600**		09:43	94400	2
	94600 ·	(54)	09:43	94600	53
	94500	20	09:42	94700	1
	94400	7	09:42	94700	3
	94300	46	09:42	94600	18
	94200	13	09:42	94600	75
	94100	12			
	94000	47			
	93900	20			

私が94600円の買い板を売り崩したにもかかわらず、すぐにまた同じ値段に大きめの買い注文が入った

板に対して比較的大きめの売りをぶつけたので一旦崩れるかと思ったのですが、予想に反して、すぐにまた買い注文が入ります（図7－2－4）。

それを見て、また9万5000円手前を様子を見ながら60株ほど買っていきます。が、そこからはほとんど値動きがなく、特に不自然な動きもなかったので、売る理由もなく、しばらく様子を見ます。ようやく10時10分ごろから少し値を切り上げ始めますが、下手くそな見せ板も出ていて、素直に喜べる上げ方ではありません（図7－2－5、録画ソフトを立ち上げなおしていたタイミングだったので、見せ板は撮れませんでした）。

◆図7－2－5

売	価格	買	時刻	価格	約出来
1	累計件数	9	10:53	96100	2
1	最良指値	43	10:53	96200	3
	成行		10:53	96200	15
14	96900		10:52	96200	2
25	96800		10:52	96300	5
15	96700		10:52	96200	16
27	96600		10:52	96200	1
85	96500		10:52	96200	1
43	96400		10:52	96200	1
73	96300		10:52	96100	1
1 ・	96200		10:52	96200	4
現値 ↓	**96100**		10:52	96200	2
	96100 ・	43	10:52	96200	9
	96000	45	10:52	96200	33
	95900	16	10:52	96200	1
	95800	4	10:51	96200	3
	95700	48	10:51	96100	3
	95600	52			
	95500	44			
	95400	15			

さらに様子を見ますが、9万6000円台で再び膠着状態になり、そろそろオーバーランチするかどうかを決めなければいけない時間帯になりました。

【今回の取引のポイント】

　ここで一旦整理します。今回のトレードでは、もちろん実際の板の動きを見ながら、それに合わせてトレードをしていますが、最初の仮定として、以下の3つの仮説を立て、普段の板読みよりも、やや買いにバイアスをかけて見ていました。

①前日仕掛けた人が、また仕掛けてくるかもしれない
②前日リバウンドが始まった「9万3000円付近」は心理的に買いやすい
③前日のインパクトが強かったので、一旦上げ始めると提灯がつきやすい状況

　普段は「上がりそう」「下がりそう」などといった予想は、客観的に板読みをする妨げにしかならないので極力しないのですが、今回は板から心理読みをするのではなく、大衆心理を考え、それを頭に置きつつ板読みをしています。つまり、仮定を立て、そしてその仮定が正しかったかどうかを、板の動きで判断するわけです。

　誤解しないでいただきたいのは、買いにバイアスをかけたといっても、「上がるだろう」と予想を立て、その予想を元に板の動きを無視して買うわけではありません。あくまで「買いが入りやすい状況なんだろうな」と結果を予想しているにすぎず、判断そのものにバイアスをかけてはいません。微妙なニュアンスなので伝わりにくいかもしれませんが、非常に大切なことですので、きちんと理解していただきたいです。

　例えば、AさんとBさんの2人がそれぞれダンスの発表をしたとします。もともとAさんのほうが実力があり、発表会ではAさんのほうが優秀な成績をとることが多いです。当然、今回もAさんのほうが良

いダンスをするのだろうなという予想は立てますが、だからといって、Aさんの採点を甘くするなどということはありません。予想は予想にすぎず、採点の根拠にはなりません。したがって、当然、Bさんのほうが良い評価をされることもあります。

　さて、自分の立てた仮定を元に売買を行ったわけですが、すでに仕掛けるにしては結構な時間がたっており、多少値段が上がっているとはいえ、明らかに前日とは異なる動きになっています。大口が集めているような動きも見られず、買いも小口がほとんどなので、昨日の展開を期待した買いが集まって、少々値を上げただけかもしれません。もちろん現時点ではっきりとしたことは言えませんが、少なくとも仮定を裏付けるような動きは確認できなかったのに加え、単純に板の動きだけで判断しても、９万３０００円台は積極的に買われたという点以外は、とりわけ買いが強いとは思えず、オーバーランチをするほどではないと判断し、１０～２０株ずつ小分けにして、すべて前場で売り切りました。

　結果、図７－２－１を見ていただければわかるように、その後は、一時９万８０００円くらいまで上げる場面がありましたが、自分が期待していたような強い動きでもなかったですし、思惑だけで上げたのなら大陽線を描くほどの強さは期待できません。平均２５００円幅を取れたのなら「よし」とする場面かなと思います。

　ここまで読んでいただいてわかるとおり、２１８ページで紹介したミニッツトレードとは、随分、毛色が違うと思います。２１８ページでは一手一手をかなり重要視するのに対し、今回のように長めの時間軸で設定した場合は、もう少し大局的な動きを見ることになります。多少目立った買いや売りがあっても、その後のフォローがあればよし

とします。そうしないと、一手一手に過敏に反応していたら、簡単にふるい落とされてしまいますし、もともとの判断材料が時間軸を長めに設定しているなら、細かなブレよりも、大きな動きをとらえなければいけませんからね。

　もちろん時間軸が長かろうが短かろうが、本質は同じですし、取引に一貫性を持たせなければいけないことに変わりはありません。そして、そうである以上は、時間軸を長く設定するのか、短く設定するのかは、基本的に最初に入った根拠に従います。スキャルピングのつもりが長く持ってみた、逆に長い目で見て入ったのに利が乗ったからスキャルピングということにして利確してしまったなどということのないようにしてください。
　何度も言いますが、仮にそこで目先利確できたとして、今回のトレードから得るものは何もありませんし、自分の成長機会を失わせるだけですからね。

今回の話のまとめ

仮定を立てて売買する場合、その仮定にバイアスをかけ過ぎて判断を誤らないよう気をつけること。どのような仮定を立てようとも、動きは中立的な視点で見られるようにすること。

3 カット例 その1

　今度は失敗例を挙げてみます。失敗例といっても大したカットではないのですが、逆に何もかも噛み合っていない例よりも、自分の予想と反した動きをしたら即カットを徹底している例のほうがよいかと思い、このトレードを紹介することにしました。
　私は、自分でミニッツトレードと呼んでいる"３０秒くらいからせいぜい２～３分程度のスキャルピング"がほとんどなので、大体２～３手先を読んで入ることが多いです。ゆえに、カットするときも最初の１手が間違っていると思ったら即カットしていますので、勝率自体は大したことなく、１ティック切りや同値降りが多いのが特徴です。もちろん、このあたりはスタイルによって違ってくるので、入った根拠が崩れたら即カットというのさえ徹底できていれば、何も１ティックでカットというのにこだわる必要はありません。

【事例紹介】
　次ページの図７－３－１は２０１０年２月１２日の黒崎播磨（５３５２）の５分足チャートです。決算を受けて大幅ギャップアップ（GU）で寄り付き、一度ストップ高にタッチ後、ずるずると下げ、その後は高値圏で揉み合いを続けていました。そして後場に入ってからまた少しずつ値段を切り上げていき、引け近くになって、再びストップ高を意識するところまで戻ってきました（図７－３－２）。

　ストップ高近辺は買い方・売り方それぞれの仕掛けが盛んに入り、売買が活発になりやすいですが、時間的にもストップ高に張り付ける

◆図７－３－１　黒崎播磨（５３５２）　５分足

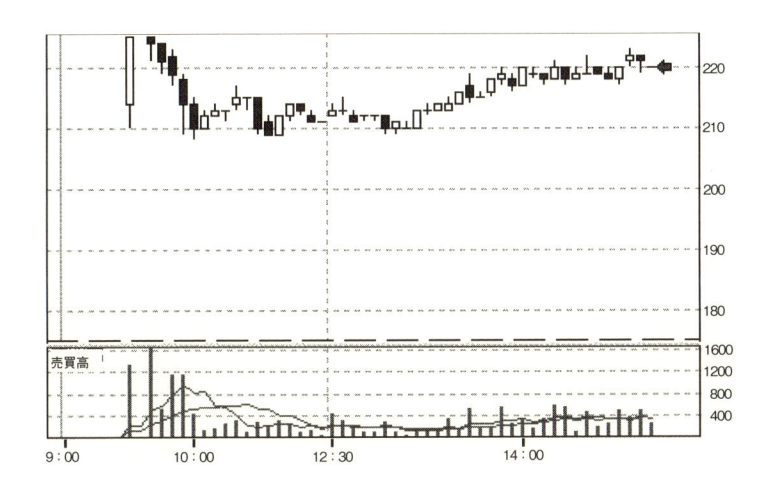

◆図７－３－２

売	価格	買	歩み値		
	成行		時刻	価格	約出来
			14:54	223	3000
			14:53	222	1000
700000	225		14:53	222	10000
202000	224		14:53	222	3000
111000 ・	223		14:53	222	1000
現値　↓	**223**		14:53	222	1000
	222 ・	28000	14:53	222	1000
	221	68000	14:53	222	1000
	220	103000	14:53	223	3000
	219	132000	14:53	223	1000
	218	90000	14:53	223	3000
			14:53	223	1000

なら、買い方はそろそろ仕掛けたいところです。しかし誰も仕掛けないまま残り時間が3分を切ってしまい、先回り買いの降りと思われる売りが少しずつ出てきました（図7-3-3）。

　もう残り時間もあまりないし、ストップ高に張り付ける気ならとっとと仕掛けているだろうし、買い方がいないなら売り方が仕掛けるだろうと、220円で2万株空売りを入れてみます。自分で売り崩すという選択肢もあったんですが、221円で売れなかったこともあり、売り増しも視野に入れつつ、とりあえず打診気味の売りです。予想どおり220円も売りが積もり始めたので、219円での売り増しも意識しながら様子を窺います（図7-3-4）。

　ここで219円も崩されたら、一気に下げが加速するかと期待していたのですが、221円の売りが積もらないのも手伝ってか、220円に10万株の買い注文が入り、支えます（図7-3-5）。

　買い方が諦めたかと思って入れた空売りでしたが、思ったよりも売り注文が出ないのと、まだ大きな買いを入れてくる買い方がいたので、ここからストップ高に張り付くとまでは思えないですが、予想と動きが違ったので、即221円でカットしました。もちろん、ここから崩れる展開も大いにありえますし、上値余地もたかが知れているので、同値もしくは利確できるチャンスもまだまだ残っていましたが、それでは取引に一貫性がないですし、今回特に短時間での読みの取引なので、次の1手が間違っているようではお話になりません。このままポジションを持ち続けるのは、単に運任せのトレードになってしまうので、ここはきちんとカットしておかなければいけません。再び崩れそうな展開になれば、また売り直せばいいだけの話ですしね。

◆図7−3−3

売	価格	買	歩み値		
	成行		時刻	価格	約出来
270000	224		14:57	220	5000
133000	223		14:57	220	1000
121000	222		14:57	220	1000
39000	221		14:57	220	19000
5000 ・	220		14:57	220	2000
現値 ↓	**220**		14:57	220	20000
			14:57	220	10000
	219 ・	131000	14:56	220	16000
	218	90000	14:56	220	9000
	217	133000	14:56	221	1000
	216	51000	14:56	220	20000
	215	27000	14:56	220	1000

◆図7−3−4

売	価格	買	歩み値		
	成行		時刻	価格	約出来
263000	224		14:57	220	20000
91000	223		14:57	220	3000
150000	222		14:57	220	1000
45000	221		14:57	221	1000
30000 ・	220		14:57	220	26000
現値 ↓	**220**		14:57	220	1000
			14:57	219	3000
	219 ・	127000	14:57	219	1000
	218	95000	14:57	220	5000
	217	132000	14:57	220	1000
	216	51000	14:57	220	1000
	215	29000	14:57	220	19000

◆図7−3−5

売	価格	買	歩み値		
	成行		時刻	価格	約出来
659000	225		14:57	220	30000
263000	224		14:57	220	20000
90000	223		14:57	220	3000
150000	222		14:57	220	1000
45000 ・	221		14:57	221	1000
現値 ↓	**220**		14:57	220	26000
			14:57	220	1000
	220 ・	70000	14:57	219	3000
	219	126000	14:57	219	1000
	218	95000	14:57	220	5000
	217	132000	14:57	220	1000
	216	51000	14:57	220	1000

【今回の取引のポイント】

　今回は、時間にして数十秒程度の取引で、売って即ロスカットとなりましたが、1手目が間違っていたので、当然ですね。注文即カットはもったいないと思われるかもしれませんが、ちゃんと売買の根拠がはっきり把握できていれば当たり前の行動です。

　ここでのポイントは言うまでもなく「INの根拠が崩れたから即カットした」ことです。間違っても入った根拠が崩れているのに、「少し待てば同値で逃げられるかも」といった、希望的観測でポジションを持たないようにしてください。何度も繰り返してきましたが、IN、OUTの根拠を統一することではじめて、そのトレードが意味のあるものとなり、今後の成長につながるのです。

今回の話のまとめ

自分が入った根拠を明確にしておくこと。それが崩れたなら、躊躇なく即カットすること。

4 カット例 その2

　もうひとつカット例を挙げてみます。8-3では数手先の動きを読んで、1手目が違ったので即カットという例を挙げましたが、今度はもう少し時間軸を長めに設定したトレードです。

【事例紹介】
　下の図7-4-1は2010年2月15日のトヨタ自動車（7203）の5分足チャートです。

◆図7-4-1　トヨタ自動車（7203）　5分足

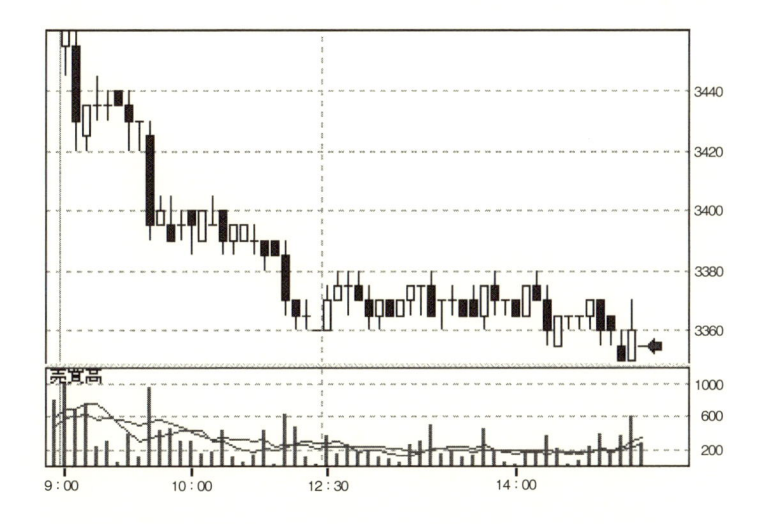

前日までリバウンド意欲が強く、前日も陽線引けですが、今日はＧＤ（ギャップダウン）スタートで、朝から弱い動きでした。前日まで強かったので、どこかで一度リバウンドが入るかもと思い見ていると、３４２５円がかなりしつこく買われていたので、まずは様子を見ながら８０００株で１０円抜きをした後、すぐにまた３４２５円に戻ってきました。そのときの板が**図７－４－２**です。

　そこで、先ほども買われていた値段だし、実際にまた買われている感があったので、様子を見ながら徐々に６０００株買い集めました。最初のうちこそ積極的に３４２５円は買われていたものの、３４３０円の売りもしつこく、徐々に３４２５円の買いも積極的ではなくなってきた感じで、先ほど１０円抜きしたときとは明らかに様子が違います。そうこうしているうちに、静止画だけではわかりませんが、自分の中ではほぼ確実に３４２５円の買い板は一旦崩されるであろうという場面（**図７－４－３**）になりました。

　今なら同値で降りられますし、ここが崩れるというのはかなりの自信があったので、心情的には同値降りしたい場面です。しかしまだ入ったときの根拠は崩れていません。ここで一旦３４２５円が崩れても、すぐにまた買われれば、最初に入った根拠である「３４２５円は買われる」は生きたままなので、それが完全に崩れるのをきちんと見届けることにします。

　結果、予想通り３４２５円の買い板は崩されました。最初のときと比べて勢いの違いを感じたのは間違いなかったようで、今度は３４２５円は買われず、３４２０円も崩され始めましたので、**図７－４－４**のときに３４２０円にぶつけてロスカットします。

　そして、そのまま勢いは止まらず、あっさり３４００円も割り込み

◆図７－４－２

売	価格	買	歩み値		
	成行		時刻	価格	約出来
53300	3450		09:37	3430	100
123600	3445		09:37	3425	100
74000	3440		09:37	3430	400
54600	3435		09:37	3425	100
39100 ・	3430		09:37	3425	100
現値 ↑	3430		09:37	3425	100
	3425 ・	37500	09:37	3430	400
	3420	88200	09:37	3425	700
	3415	68000	09:37	3425	4300
	3410	73800	09:37	3425	200
	3405	67700	09:37	3425	700
			09:37	3420	100

◆図７－４－３

売	価格	買	歩み値		
	成行		時刻	価格	約出来
55500	3450		09:40	3425	1500
132200	3445		09:40	3430	1000
75700	3440		09:40	3425	200
51500	3435		09:40	3430	1000
55500 ・	3430		09:40	3425	100
現値 ↓	3425		09:39	3430	100
	3425 ・	46300	09:39	3430	200
	3420	87500	09:39	3425	100
	3415	70800	09:39	3425	200
	3410	74400	09:39	3430	1100
	3405	69700	09:39	3430	100
			09:39	3430	300

◆図７－４－４

売	価格	買	歩み値		
	成行		時刻	価格	約出来
130900	3445		09:42	3420	100
75300	3440		09:42	3420	200
55500	3435		09:42	3420	1000
55000	3430		09:42	3420	1000
54600 ・	3425		09:42	3420	500
現値 ↓	3420		09:42	3420	100
	3420 ・	26200	09:42	3420	100
	3415	57600	09:42	3420	100
	3410	84600	09:42	3420	400
	3405	82800	09:42	3420	6000
	3400	295800	09:42	3420	300
			09:42	3420	1300

ます。ドテン売りしたかったという思いも多少ありますが、そこまで長時間動きを見ていたわけでもないし、それほど自信があったわけでもないので、今回はよしとします（図７－４－５）。

◆図７－４－５

売	価格	買	歩み値		
			時刻	価格	約出来
	成行		09:44	3395	100
30900	3420		09:44	3395	300
34800	3415		09:44	3395	5000
33700	3410		09:44	3395	700
28200	3405		09:44	3395	1300
82800・	3400		09:44	3395	1900
現値　↓	**3395**		09:44	3400	100
	3395・	14200	09:44	3400	100
	3390	61900	09:44	3395	100
	3385	63800	09:44	3400	2000
	3380	70700	09:44	3395	200
	3375	49000	09:44	3400	42900

　結果、同値で逃げられたものを、１ティックカットとなってしまいましたが、入った根拠がまだ生きているのに降りるというのは、ただ何となく入っただけのトレードになってしまい、愚の骨頂です。今回のようなことを続けてこそ、きちんと自分のトレードが確立され、また自分のやっていることの正確な検証にもつながります。

【今回の取引のポイント】
　先の黒崎播磨のトレードも今回のトヨタ自動車のトレードも、結果として１ティックのカットになりましたが、トレードの種類はまるで違います。
　ただ、入った根拠を明確にし、その根拠が生きているうちは信念を持って耐える、そして、その根拠が崩れたら躊躇なくカットするとい

う点では、本質はまったく同じです。この本で繰り返し言ってきましたが、一貫性のあるトレードを続けることこそが成長への確実な道のりとなります。常に意識しておくようにしてください。

今回の話のまとめ

入った後で不安になったからといって、一貫性のないトレードをしないこと。今回のトレード結果のためではなく、今後のために、しっかりと自分が入った根拠の行方を見届けること。

おわりに

　私は理系出身ということもあり、ブログのようにおちゃらけたものは別として、このように大勢の方に見ていただくような、きちんとした文章などを書いたことは今までありませんでした。思いつくままに書き綴ったので、非常に読みにくかったかもしれません。最後までお付き合いいただきありがとうございます。

　以前から私のブログをご覧になっている方は、そのキャラとのあまりの違いに驚かれた方も多いでしょう（笑）。さすがにこのような機会は何度もあることではないですし、せっかくお金を出して買っていただいて、貴重な時間を使って読んでいただいているのに、何の役にも立たないような戯言を並べるわけにはいかないですからね。自分なりに少しでもお役に立てるように、少しでも思っていることが伝わるようにと一生懸命書いたつもりです。この本から少しでも何かヒントを掴んでいただけたなら幸いです。

　この本では何度も言ってきましたが、学んでほしいのは、直接的な板読みの小手先のテクニックなどではなく、そこに至るまでの考え方です。実際に私がどのように取引をしているかなど、ほんのオマケに過ぎません。どのように考え、どのように学習していくのかが重要なのです。結果として実際にどう動くのかは手法の違いでしかないので、さして重要ではありません。ここまでいろいろとお話ししてきたように、特に重要でしっかりとお伝えしておきたいことをあらためて書き出します。

①相対的な考え方ができるようにする。自分のやっていることで、本当に上位５％に入れるのか？　入るためにはどうするのか？　みんなと同じようなことをしているだけなのに、自分だけが頭ひとつ抜

けられるなどと思わない。何もせず上位5％に入れるような特別な存在などではないのですから。あなたも、もちろん私も。

②取引に一貫性を持たせること。入った根拠を明確にしておき、それが崩れたら必ず降りる。

③学習する姿勢を忘れないこと。自己の過大評価は厳禁。勝っても負けても常に課題を見つける。負けた原因を外に求めない。成長することとは、すなわち考えること。

　この分野に限ったことではありませんが、株の世界は私たちが思っているよりも、ずっと奥が深いです。それを簡単に理解できるなどと思わないことです。私自身、5年あまり株をやっていますが、株の世界を1割でも理解できていたとしたら御の字だと思っています。ひたすらそれだけをやっていた板読みの分野でさえ、どれだけ贔屓目に見ても5割も理解できていないでしょうね。

　ただ、私は、「自分が何も理解できていない」ということを理解しているつもりではいます。ですから、専業6年目にして、いまだ勉強中の身だと常々言っていますし、自分に足りないものを日々考えながら、トレードをしているつもりです。「無知の知」という言葉があるように、自分が無知であることを知っているのはとても大切なことです。それだけ学習する余地、そして、それを学んで成長する伸びしろがあるということなのですから。どうか今の自分を過大評価し、そしてその姿に満足してしまうことで、今後の成長を止めてしまうことがないようにしてください。

　もう一度言います。「考える」ということは、成長するために必要不可欠です。この本を読んで、あなたが普段の取引で、考える機会を

今までよりも増やしてくれたなら、私にとっても、大いに意味があったと思えます。その結果、私がこの本で言ってきたことと、あなたの結論が違っても、それは考えた証なのだから、とても良いことだと思います。間違っても、この本に書いてあったからこうなんだ、「けむ。」が言っていたからこうなんだと、考えるという最も大切なプロセスを飛ばして、結論だけを拾わないでください。もう一度繰り返しますが、大切なのは「結論」ではなく、「結論に至るまでの過程」なのですから。

常に状況は変化していきます。今も決して楽な状況とは言えませんし、これから先もっと厳しくなる可能性だって大いにあります。そのときが来ても乗り切れるよう、お互い日々「考え」、そして「成長」しつづけましょう。

～～～～～～～～～～～～～～～～～～～～～～～～～～～

最後に、お世話になった方々にお礼を述べたいと思います。この本を書くにあたって、担当していただいた磯崎氏には大変お世話になりました。一昔前、流行に乗って株に関する書籍がどんどん発売され、本屋の目立つ位置に山積みになっていたころならまだしも、この時期に声をかけていただいたのは本当に身に余る光栄です。

実際に原稿を書き始めてからも、このようにかしこまった文章など書いたことがなく、書籍などといったものに関しては何の実績もない私でしたが、ほぼ全面的にやりたいようにやらせていただきました。稚拙な文章も最小限の修正にとどめてくださったおかげで、お伝えしたかったことはすべて書き切り、自分的には非常に満足のいくものができました。もちろん、必要な修正やアドバイスは十二分にいただき、おかげさまで非常に勉強にもなり、とても貴重な経験を積ませていただきました。その磯崎氏を紹介してくれた、ゆきぽこ（トレーダー仲

間）にも非常に感謝しています。

　また、今まできちんとお礼を言う機会がなかなかありませんでしたが、トレードを始めるきっかけを与えてくれたコロ（トレーダー仲間）にはずっと感謝しています。当時、身の振り方を考えていた時期でしたし、あれだけのデイトレブームでしたから、遅かれ早かれ株にふれてみようと思う機会はあったとは思いますが、コロが声をかけてくれなかったらもう少し始めたのが遅かったでしょうし、当時の地合いが非常に良かっただけに、それに乗り遅れていたら今があったかわかりませんしね。それに、コロは私がスロットをやっていた時代から、判断力や分析力といったものに全幅の信頼をおける唯一の人物だったので、そんな彼と同時期に株を始め、特に最初の1年くらいの間、毎日のようにああだこうだと株の話をしてお互いを高めていけたのは、非常に心強かったのを覚えています。その点でとても恵まれていたと思います。

　その後も比較的スタイルや資産が近く、お互いをライバルと意識できる武者修行中氏（トレーダー仲間）とも、しょっちゅう意見交換をし、お互いを高めていけたことにもとても感謝しています（もちろんコロも武者修行中氏も私も、皆独自のスタイルを築いていますし、信念を持ってやっていますので、同じ銘柄をやっても判断はそれぞれですし、馴れ合いになるようなことはしていません。売買の判断の仕方やタイミングも何となくのイメージは持っていますが、正確にはお互いに知らないですしね。そういう人たちだからこそ、話していてお互いを高められるのです）。

　そして、主にテニスメンバーを中心とした東京で仲良くさせていただいているトレーダーさんたち、彼らのおかげでプライベートが非常に充実し、結果、この生活をずっと続けていきたいという思いが強くなったおかげでトレードに対するモチベーションをずっと高く保つことができ、ストイックにトレードを続けてこれたのだと思っています。

さらには、大阪や名古屋のトレーダーさんグループ、最近ではFXのトレーダーさんたちとも非常に密な付き合いをさせていただいて、特に大阪のグループとは、距離を感じないほど仲良くさせていただいています。その中でもむらやん（トレーダー仲間）には、今回の出版にあたってもいろいろとメンタル面で助けられました。株のSNSである「とれまがファイナンス」や「カブトモNET」の方々とも仲良くさせていただいており、こうして書いてみると、非常に人脈に恵まれているのだなと再認識させられました。そして、トレーダー仲間に限らず、自分にとって大切な人たちと、より多くの充実した時間を過ごすためにも、このトレーダーという職業は、私にとって非常に魅力的な仕事です。それを続けていきたいという思いが、私のモチベーションをずっと高く維持してくれています。

　また、大学まで行かせてもらいながら、せっかく就職した会社を辞めてしまったときも、このような生活を始めたときも「自分の人生だから」とまったく口を挟まず自由にやらせてくれた両親にも、感謝の気持ちでいっぱいです。

　最後になりましたが、この本を手に取っていただき、そして最後まで読んでくださった読者の皆様、ありがとうございます。この本が少しでも皆様のお役に立てれば、1本のアンダーラインでも引いていただければ、著者冥利につきます。皆様の今後のますますのご活躍を、心よりお祈りしています。

２０１０年３月吉日
へっぽこデイトレーダー「けむ。」こと、上山健司

著者紹介

けむ。(上山健司)

１９７５年生まれ。早稲田大学理工学部卒。大学卒業後、メーカーに就職し、開発業に就くが、連日のオーバーワークで体を壊したこともあり、退社。その後、家庭教師やパチプロでの生活を続ける。パチプロ時代は年収１０００万円前後稼ぐも、得る物もなく代わりになるものを探していたところ、２００４年１２月に株と出合う。「本を読んだり、人に教わったりしたことをそのままやって勝てるような甘い世界でもないだろう」と思い、予備知識をまったく持たずに始め、「板読みトレード」という、チャートも見ずに、板の動きだけで売買するという、オリジナルの手法を編み出す。その後は自身が「ミニッツトレード」と呼ぶ、超短期売買をメインに資産を伸ばす。２００５年２月から「へっぽこデイトレーダーけむ。の株日記」(URL：http://blog.livedoor.jp/kemu77/) という名前のブログを書き始め、動物の画像と、独特の文体からお笑い要素の強い内容で人気を集めるも、現在はほぼ休止中。

2010年5月3日	初版第1刷発行	2019年3月2日	第10刷発行
2010年5月12日	第2刷発行	2021年7月2日	第11刷発行
2010年12月1日	第3刷発行	2021年8月2日	第12刷発行
2011年2月2日	第4刷発行	2021年10月3日	第13刷発行
2013年6月1日	第5刷発行	2022年1月6日	第14刷発行
2014年3月2日	第6刷発行	2022年9月5日	第15刷発行
2015年10月1日	第7刷発行	2023年10月5日	第16刷発行
2017年7月1日	第8刷発行	2024年10月6日	第17刷発行
2018年9月1日	第9刷発行		

投資家心理を読み切る板読みデイトレード術
――「5％」であり続けるための考え方

著 者	けむ。
発行者	後藤康徳
発行所	パンローリング株式会社
	〒 160-0023 東京都新宿区西新宿 7-9-18-6F
	TEL 03-5386-7391 FAX 03-5386-7393
	http://www.panrolling.com/
	E-mail info@panrolling.com
装 丁	パンローリング装丁室
組 版	パンローリング制作室
印刷・製本	株式会社シナノ

ISBN978-4-7759-9096-4

落丁・乱丁本はお取り替えします。
また、本書の全部、または一部を複写・複製・転訳載、および磁気・光記録媒体に
入力することなどは、著作権法上の例外を除き禁じられています。

本文 ©Kemu／図表 © PanRolling 2010 Printed in Japan

著者関連DVD

板読みデイトレード術【実践編】
基礎知識からリアル動画解説まで

けむ。【講師】

定価 本体3,800円+税　ISBN:9784775963326

板を見れば、心が読める！
講師自身が収録した、真実の動画！

書籍『投資家心理を読み切る板読みデイトレード術』の中から、質問の多かった箇所やポイントとなる箇所の内容を掘り下げ、更に詳しく著者のけむ。さんが解説。

DVDの特徴
- 実践で生かせるように、講師が実際に行ったトレード動画をスロー再生し解説
- 板読み＝心理読みという視点から、「なぜ負けてしまうのか」「どうしたら勝てるようになるのか」について詳しく解説

DVDで学べること
- 【基礎編：知識】板読みとはどういった手法なのか
- 【応用編：手法・小技紹介】板読みとは実際にどうやって取引するのか
- 相場における心理面でのけむ。さんの考え

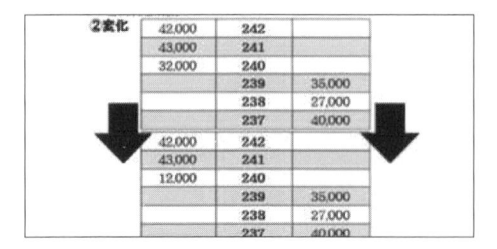

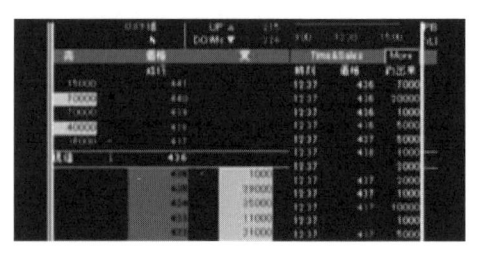

心理戦で負けない板読みデイトレード

けむ。【講師】

定価 本体3,800円+税　ISBN:9784775963456

常識を捨てろ！
手法や戦略よりも心理を制す！

板読みデイトレード術をマスターするために、さまざまな売買に絡む心理要因を読み取り、ご自身のトレードを役立てられるようにする。

関連書

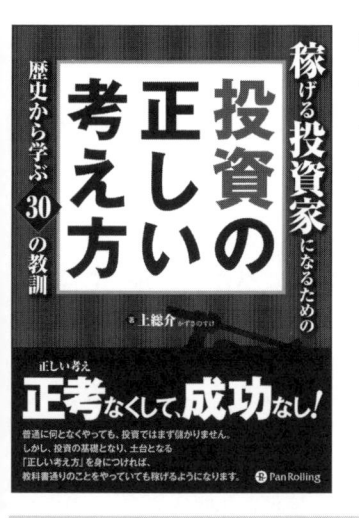

稼げる投資家になるための 投資の正しい考え方
～歴史から学ぶ30の教訓～

定価 本体1,500円+税　ISBN:9784775991237

7年間負けなし（年間損益）のプロ投資家が説く投資を続けるうえで、真に大切なものとは？

何事も、土台がしっかりしていなければ、いくら上物を豪華にしても、長くは保たないもの。あせらず、ゆっくり、投資の基礎を固めることから始めてみよう「正しい考え方」が身につけば、特殊な投資テクニックなどがなくても、投資の基本を忠実に行うことで稼げるようになっていくはずだ。

関ヶ原の戦いに残る逸話

戦の最中（勝敗がわからない時）は高みの見物で…

戦が終わったこと（勝敗が決まった）を確認してから、戦利品を集める

トレードも仕掛けるときはなるべく大きなリターンが期待でき、逆にうまくいかなかったときに、損切りできることが勝敗の分かれ道となる。

紀元前4世紀の中国で「兵法」を残した孫ぴんの考え方

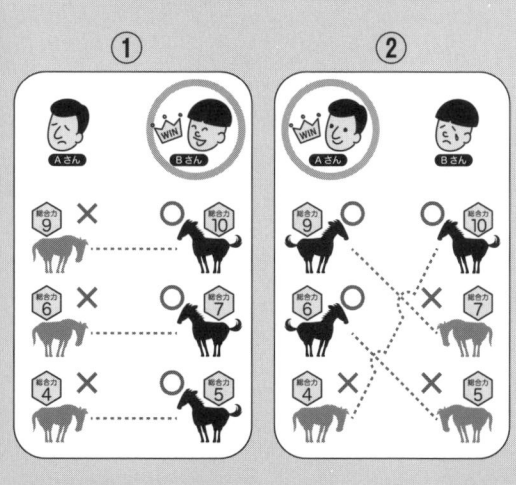

① Aさん（総合力9,6,4）× Bさん（総合力10,7,5）WIN:Bさん

② Aさん（総合力9,6,4）× Bさん（総合力10,7,5）WIN:Aさん（組み合わせを変える）

Aさんの馬（3頭）とBさんの馬（3頭）の総合力を比較したとき、Bさんの馬のほうがAさんの馬よりも優れていたとしても（①）、組み合わせ次第で、総合的に勝利を収めることはできる（②）

勝てない原因はトレード手法ではなかった
FXで勝つための資金管理の技術

伊藤彰洋、鹿子木健【著】

定価 本体1,800円+税　ISBN:9784775991701

損失を最小化し、利益を最大化するための行動理論

どんなに素晴らしい手法でも、根底に資金管理がなければ、いずれは崩れ去ります。逆に「これでは勝てないな」と感じていたような手法が、資金管理によって輝き始め、地味でも確実に利益をもたらしてくれるツールに変身することもよくあります。要するに、手法を生かすも殺すも資金管理次第なのです。資金管理の学びは、私たちを裏切りません。資金管理を学ぶということは、トレードで勝つ方法を学ぶということでもあるのです。「聖杯」のような絶対に勝てる手法はこの世に存在しませんが、あえて言うなら資金管理こそ聖杯です。この機会に、資金管理という技術を究めてはいかがでしょうか?

勝てない原因はトレード手法ではなかった
ボリンジャーバンドを使った、すぐに真似できる
2つのトレード奥義を伝授
FXで成功するための「勝ちパターン」理論

鹿子木健, 伊藤彰洋【著】

定価 本体1,800円+税　ISBN:9784775991749

私たちは、勝ちパターン(勝ち方)を学ばなければならない!

世の中に、手法を教えてくれる人はたくさんいます。また、書籍も多々あります。トレードの技術を学ぶという意味においては、"それら"から役立つ情報を手に入れることは確かにできます。しかし、先述したように、手法だけでは足りないのもまた事実です。現状を把握して、手法を使う条件が揃っているかを確認すること、最高の出口(利益確定)と最悪の出口(損切り)を設定すること、そのあとでエントリー&エグジットという行動に出ること。この流れに沿ってトレードするのが勝ちパターン、つまり、勝ち方です。

世界の"多数派"についていく「事実」を見てから動くFXトレード

正解は"マーケット"が教えてくれる

定価 本体2,000円+税　ISBN:9784775991350

「上」か「下」かを当てようとするから当たらない

一般的に、「上に行くのか、下に行くのかを当てることができれば相場で勝てる」と思われがちですが、実は、そんなことはありません。逆説的に聞こえるかもしれませんが、上か下かを当てようとするから、相場が難しくなってしまうのです。なぜなのか。それは、「当てよう」と思った瞬間は、自分本位に動いているからです。

「当てたい」なら、正解を見てから動けばいい

では、当てにいこうとしてはいけないなら、どうすればよいのでしょうか？　私たち個人投資家がやるべきことは、「動いた」という事実を客観的に確認することです。例えば、世界中のトレーダーたちが「上だ」と考えて、実際に買いのポジションを持ったと確認できてから動くのです。正解がわかったら、自分も素早くアクションを起こします。自分の意思は関係ありません。世界の思惑に自分を合わせるのです。

三位一体のFXトレード理論

坂井秀人【著】

定価 本体1,800円+税　ISBN:9784775991534

手法の発見、手法の証明、手法の稼働。この3つの一連の作業がトレードである。

本書で紹介している著者の手法も真似していただいて構わない。ただし、あなたにとって「正しい」かどうかを必ず証明してから使ってほしい。ある人にとって「正しい」ものが、必ずしも、あなたにとって「正しい」とはならないことを、本書を通じて感じてほしい。あなたにとって「正しい」と証明されたルールを稼働していただきたい次第である。

暴落を上昇エネルギーに変える
V字回復狙いの
短期システムトレード

korosuke【著】

定価 本体2,800円+税　ISBN:9784775991756

暴落は絶好の買い場！ 買うべき暴落を誰にでもわかるように「数値」で紹介

本書で紹介している売買ルールは、検証に検証を重ねています。実戦で"使えること"を証明しています。本書を読むとわかるように、「売買ルールをどのように深化させていくか」にページを割いています。システムトレードに興味のある方は、その情報を参考に、売買ルールの作り方を学んでいただければと思います。

月次情報で"伸びる前"に買う
割安成長株投資入門

はっしゃん【著】

定価 本体2,800円+税　ISBN:9784775991831

「持続的に成長し続ける企業」を探して、「割安な時期」に買い、長く保有する方法

月次情報(以下、月次)とは、ひと言で言うと、企業が毎月開示する「決算情報」のことです。月次の開示は、小売・飲食・サービス業など、私たち消費者にとって身近な企業に多いです(※すべての企業が月次情報を開示しているわけではありません)。
この月次(情報)、開示している企業は限られていますが、毎月発表されるだけに、読み方を知っておくと、ほかの投資家に先んじてチャンスをつかむことも可能です。

マーケットをリードするロジックを探す
生き残るためのFX戦略書

ハリー武内【著】

定価 本体2,800円＋税　ISBN:9784775991886

「今、そしてこれから、マーケットをリードしているロジックは何か？」を常に考えて行動する

FX（外国為替）というと、「チャートだけで外国為替市場を見ていこう」と考えている方も多いですが、実際の所、それだけでは相場への理解も利益も幅が出ないと思います。頭でっかちに先読みするのではなく、タイムリーに（＝市場が動き出す直前や、動き出した直後に）市場についていけるようになることを目指すのです。これができるようになると、明日、来週の相場の解説が先に思い浮かぶような体験を、ときに感じることも可能になります。

統計学を使って永続的に成長する優良企業を探す
クオリティ・グロース投資入門

山本潤【著】

定価 本体2,200円＋税　ISBN:9784775991893

クオリティ・グロース銘柄でつくった"自分用のNISA"で値上がり益と配当の両方を手にする

今、20代や30代、40代の人たちにとっての「長期」とは、現実的に見て、10年、20年、30年という話だと思います。この限りある時間を将来の自分の資産形成のために有効に活用するうえでも、若い世代の方々には「すぐに投資を始めてほしい」と思います。なぜなら、長期投資の上手なコツは「早く始めて、長く保有する」ことにあるからです。少しでも自分にとって有利に働くように、少しでも早く始めてください。

IQ162のMENSA会員が教える
FX自動売買の基礎と実践

Trader Kaibe【著】

定価 本体2,000円+税　ISBN:9784775991770

先行き不透明な時代の到来

本書が世に誕生した2021年、新型コロナウィルスの影響を受け、世の中が大きく変わろうとしています。ただ、「変化」は決して悪いことではありません。大切なのは、変わってきていることを察知し、その流れにうまく乗ることです。「本業に勤しむだけでは"安心して生きてはいけない時代"がやってくるかもしれない」というピンチを逆手にとって、チャンスに変換してしまうことなのです。ならば、私たちに求められることは、「本業とは別の財布(収入源)を持つこと」でしょう。「別の財布」という意味では、いろいろなものが考えられますが、特別な資格などなく、誰にでも始められるという意味で、やはり「投資(資産運用)」は欠かせないところです。今まで「投資」というものに興味は持っていたものの、行動に移すことができなかった人にとっては、"真剣に考える"ための良い機会になるはずです。

トレード技術ではなく、「仕組み」で稼ぐ
網掛けFX

浜本学泰【監修】　アーニングアカデミーFX裏技チーム【著】

定価 本体1,800円+税　ISBN:9784775991794

技術の「差」を、「仕組み」で埋める

本書の網掛けFXトレードは、大きなレンジを狙う、トレーダー間の技術の「格差」をなくす取引手法です。なぜなら、トレーダーがすべきは、現値より上には等間隔で「逆指値の買い注文とその決済注文」を、現値より下には等間隔で「逆指値の売り注文とその決済注文」を予約するだけだからです(※ただし、基本ルールの場合)。つまり、「予約注文の網を掛ける」という作業だけが必要なのです。この手法では、作業するだけなので、チャートを読む技術(テクニカル指標の知識)が必要ありません。チャートを読む技術がいらないわけですから、必然的にトレーダー間の技量の「差」もなくなります。トレンドを把握することも、タイミングを計ることも、常にチャートに張り付くこともまったく必要としないのです。本書で紹介している基本ルールであれば、ベテランでも、初心者でも、予約注文を発注する場所(=価格)は、すべて同じになります。誰がやっても同じになるのです。

PineScriptだからできる
自由自在の「高機能」チャート分析

尾﨑彰彦【著】

定価 本体2,800円+税　ISBN：9784775991824

PineScriptでTradingViewを徹底活用
定型インジケーターからの卒業！

本書ではプログラミング未経験者が始めやすいように、いきなり売買戦略を構築するのではなく、チャートに吹き出しを出したり、条件にあったタイミングでチャートの背景色を変えたり、インジケーターの計算をしたりと基本的な記述方法を一歩ずつ解説していく。PineScriptの構造を理解したあとは作成したインジケーターを使って、条件を満たしたうえでトレンド発生時のゴールデンクロスで買ったり、より実践的な練習に進む。そして最後には"値幅"を指定して決済するストラテジーや"価格"を指定して決済するストラテジーのテンプレートをつくって、自分の条件に応用できるようにする。日本人による初のPineScriptの解説本となる本書は、TradingViewを利用者のみならず、株式投資の効率を図りたい方の必携書である。

四半期成長率とチャート分析

結喜たろう【著】

定価 本体2,800円+税　ISBN：9784775991879

銘柄選択から出口戦略まで6つのステップ
オリジナル計算シートとTradingViewの活用法も伝授！

基本的な保有期間は数週間から数カ月。そのため本書のスタンスは、長期投資でテンバガーなどホームラン級の銘柄のみを狙い打ちするものではなく、確実にヒットを積み重ねることを基本にしています。これは兼業投資家がどんな市場環境でも焦ることなく資産を増やしていける方法です。銘柄の選定ができない、チャート分析がうまくいかない、ポジションに自信が持てないという方は、本書から戦略的株式投資の術を学んでください。

一流のトレードは、一流のツールから生まれる！
TradingView 入門
「使える情報」を中心にまとめた実戦的ガイドブック

向山勇【著】　TradingView-Japan【監修】

定価 本体2,000円+税　ISBN:9784775991848

全世界3500万人超が利用するチャートツールの入門書

"質"の高い情報が、あなたのトレードの"質"を高める実戦トレーディングビュー活用入門。株式、FX、金利、先物、暗号資産などあらゆる市場データにアクセスできる、投資アイデアを共有できるSNS機能など、無料で使える高機能チャートの徹底活用ガイド。インストール不要だから外出先ではスマホでも。また、株式トレーダーには企業のファンダメンタルズを表示できるのも嬉しい。

買い手と売り手の攻防の「変化」を察知し、トレンドの「先行期」をいち早くキャッチする天から底まで根こそぎ狙う
「トレンドラインゾーン」分析

野田尚吾【著】

定価 本体2,800円+税　ISBN:9784775991862

トレンドラインを平均化した面（ゾーン）なら、変化の初動に乗ってダマシを極力回避し、天から底まで大きな利益を狙える。

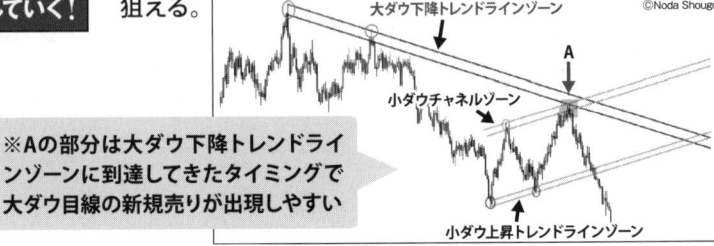

※Aの部分は大ダウ下降トレンドラインゾーンに到達してきたタイミングで大ダウ目線の新規売りが出現しやすい